Heike Kügler-Anger

# Käse veganese

**Milchfreie Alternativen zur Käseküche**

# Inhalt

**Käse – eine Leidenschaft mit Happy End?** ....................... 7
Mein Käse und ich ........................................... 7
Aus Leiden entsteht eine neue Leidenschaft ....................... 8
Ende gut, alles gut ........................................... 8
Ehrlichkeit und ein gutes Gefühl ............................... 9

**Alles Käse oder was?** ....................................... 10
Die moderne Art der Käseküche ............................... 10
Käse – ein Lebensmittel mit langer Tradition ................... 10
Käse – nur bedingt vegetarisch ............................... 11
Pflanzlicher Käse – die (fast) tierfreie Alternative ................ 12
Käse als fester Bestandteil unserer Esskultur .................... 13

**Käse veganese: Zubereitung auf pflanzlicher Basis** .............. 15
Aller Anfang ist die Milch .................................... 15
Das Gute daran ist das Gute darin ............................ 18

**Zu den Zutaten** ........................................... 25

**Nützliche Küchenhelfer** .................................... 33

**Pflanzliche Quellen für Kalzium und Vitamin $B_{12}$** .............. 35
Auch ohne Milch gut versorgt ................................ 35
Pflanzliche Kalziumbomben .................................. 35
Auf ausreichende Versorgung mit Vitamin $B_{12}$ achten ............ 37

**Hinweise zu den Rezepten** .................................. 38

**Rezepte**

Milchfreie Käsezubereitungen .................................. 39

Dressings, Pestos und Saucen.................................. 66

Salate und Beilagen ........................................... 83

Suppen und Eintöpfe ......................................... 98

Hauptgerichte .............................................. 122

Pizzen, Tartes und herzhafte Backwaren....................... 153

Snacks und Sandwiches ...................................... 175

Süßspeisen und Desserts...................................... 190


**Die Autorin** .............................................. 212


**Rezeptverzeichnis**......................................... 213

# Käse – eine Leidenschaft mit Happy End?

## Mein Käse und ich

Als Kind wuchs ich mit der deftigen rheinländischen Küche im Ruhrgebiet auf. Schon mit dem Sprießen der ersten Zähnchen stellte sich heraus, dass ich weder der Marmeladen- noch der Wurstbrottyp war. Für mich musste Käse aufs Brot. Damals, zum nahenden Ende der sechziger Jahre, war das Käseangebot allerdings mehr als dürftig. Jeder andere Mensch mit normal entwickelten Geschmacksnerven hätte sich wahrscheinlich schaudernd vom Käse meiner Kindheitstage abgewandt. Aber ich bin eine treue Seele. Meine Liebe zu allem Käsigen ist bis heute nicht erloschen.

Denn es trug sich zu, dass meine Eltern in den Sommermonaten beinahe an jedem Wochenende ihr Zelt an der nahen holländischen Grenze aufschlugen. Ein netter Nachbar brachte an einem dieser unvergesslichen Sommertage ein gewaltiges Stück mittelalten Gouda mit. Dieses goldgelbe Stück Käse mit dem Geruch nach frischen Butterblumenwiesen und dem pikant-schmelzenden Geschmack auf der Zunge war im wahrsten Sinn des Wortes meins. Diese Leidenschaft für alles Käsige wuchs mit der Zeit stetig – bis sie vor einigen Jahren ein abruptes Ende fand.

Scheinbar von einem Tag auf den anderen wandelte sich meine Käse-Lust in Käse-Frust. Nach jedem Käsebrot, einem mit Käse überbackenen Gemüsegratin oder einer Pizza wurde das, was ich so liebte, zu einer Belastung für meinen Körper. Ich plagte mich mit Beschwerden, die mir bis dahin fremd gewesen waren.

Durch Zufall landete ich auf einer Internetseite, auf der andere Betroffene genau von den gleichen Beschwerden berichteten. Ein Gang zum Hausarzt bestätigte meine Vermutung: Ich war laktoseintolerant. Jedoch mit einem kleinen Unterschied zu vielen, die von der gleichen Form von Nahrungsmittelunverträglichkeit betroffen sind. Bei mir wurde eine sekundäre Laktose-Intoleranz diagnostiziert, die sich durch die vorherige wiederholte Einnahme von Antibiotika und stressbedingtem Reizdarm entwickelt hatte. Nach einer gewissen Karenzzeit stand in Aussicht, dass ich wieder laktosehaltige Lebensmittel zu mir nehmen könnte.

## Aus Leiden entsteht eine neue Leidenschaft

Doch zuerst hieß die Devise: Verzicht. Keinen Milchkaffee, kein Sahneeis und vor allem keinen Käse mehr. Alle Produkte, die nur eine Spur von Milchzucker enthielten, waren für mich tabu. Ich litt und ich hungerte. Nach all dem, was mir nicht mehr vergönnt war. Selbstaskese über Monate oder sogar Jahre hinweg war allerdings noch nie eine meiner Stärken. Ich surfte nächtelang im World Wide Web, blätterte in Zeitschriften und Büchern, befragte die auskunftsfreudigen Angestellten in Reformhäusern und Naturkostläden. Auf diese Weise entdeckte ich pflanzliche Ersatzprodukte für Kuhmilch, Joghurt und Sahne. Bald darauf lernte ich Tofu kennen und lieben. Ich erfuhr, wie abwechslungsreich und schmackhaft Hülsenfrüchte, Nüsse und Samen in der tiermilchfreien Küche eingesetzt werden können. Die weite Welt des Genusses hatte mich wieder.

## Ende gut, alles gut

Mit einer kleinen Einschränkung: denn etwas, was wie Käse schmeckte und sich beim Kochen und Gratinieren annähernd so verhielt, hatte ich noch nicht gefunden. Dann stieß ich auf amerikanische Kochbücher, deren Autoren mit Tofu, Hefeflocken, Tahin, Hülsenfrüchten und verschiedenen Verdickungsmitteln Gerichte mit Käsearoma und käseartige Brotbeläge herstellten. Ich stürmte das ortsansässige Reformhaus und versorgte mich mit dem, was ich brauchte, um ihre Rezepte nachzukochen.

Meine ersten Versuchsergebnisse waren ganz brauchbar, aber geschmacklich noch nicht überzeugend. Trotz anfänglicher Rückschläge probierte ich jedoch weiter, sodass über die Jahre ein stetig wachsender Rezeptfundus entstand. Die Essenz dessen halten Sie nun in Ihren Händen.

Alle in diesem Kochbuch ab Seite 39 vorgestellten Rezepte haben ein manchmal mehr, ein manchmal weniger deutliches Käsearoma, obwohl sie alle durchweg tiermilch- und damit natürlich käsefrei sind. Ein wesentlicher Teil der Rezepte zeigt Ihnen, wie Sie mit einfachen Mitteln und einer speziellen, aber dennoch übersichtlichen Zutatenliste rein pflanzliche Käsesorten herstellen können. In ein paar weiteren Rezepten kommen diese Käsekreationen zur Verfeinerung von Speisen zum Einsatz. Ein Großteil der Rezepte widmet sich Gerichten, die in ihrer Ursprungsform Zutaten wie

Käse, Quark, Sahne, Joghurt oder Butter verlangen. Diese heißt es bei der veganen Rezeptversion gekonnt durch pflanzliche Alternativen zu ersetzen. Gemeint sind solche Klassiker wie Pizza, Quiche und Flammkuchen, Lasagne und Cannelloni, Käsesuppe, Tomatensoufflé, Kuchen mit Buttercreme und natürlich Käsekuchen. Daneben biete ich Ihnen zusätzliche Ideen für käsige Salatsaucen, würzige Pestos, wärmende Suppen, knusprige Ofengerichte, schnelle Snacks und Sandwiches sowie verführerische Süßspeisen. Alles in allem sollte sich jeder, der aus welchen Gründen auch immer auf mit tierischen Zutaten zubereiteten Speisen verzichten muss oder will, bei den hier vorgestellten Rezepten gut aufgehoben fühlen.

## Ehrlichkeit und ein gutes Gefühl

Allerdings will ich mich nicht mit fremden Federn schmücken. Einen hundertprozentigen geschmacklichen Ersatz zu echtem Tiermilchkäse kann auch ich Ihnen leider nicht bieten. Dazu fehlen den rein pflanzlichen Käsesorten die Inhaltsstoffe, die einen Käse aus Tiermilch zu »echtem Käse« machen. Milch ist dabei übrigens nur eine dieser Zutaten.

Aber vielleicht sind Sie ja wie ich bescheiden und geben sich mit neunzig, achtzig oder siebzig Prozent Käsearoma zufrieden. Oder Sie sind mit einer gehörigen Portion Neugier ausgestattet und wagen sich an neue Geschmackserlebnisse heran. Vielleicht wollen Sie auch einfach sich und Ihrem Körper etwas Gutes tun.

Lassen Sie sich auf die spannende und schmackhafte Welt der veganen Käsekreationen ein und lernen Sie ihre Vorzüge schätzen. Schwelgen Sie in Geschmack und Genuss. Vergessen Sie Verzicht und Askese, denn jetzt gibt es endlich *Käse veganese!*

Nur ganz nebenbei: Auch ich bin meinen, von mir angefertigten Pflanzenkäsesorten weitgehend treu geblieben, auch wenn ich inzwischen wieder Milchprodukte vertrage. Warum? Ganz einfach: weil sie mir schmecken und weil ich mich gut mit ihnen fühle. Ich würde mich freuen, wenn ich dieses gute Gefühl an Sie weitergeben könnte.

Ihre

# Alles Käse oder was?

## Die moderne Art der Käseküche

In diesem Buch geht es um Käse. Oder besser gesagt darum, wie man ihn möglichst schmackhaft ersetzt. Ich habe mich bemüht, Ihnen den Verzicht, ob nun freiwillig oder unfreiwillig, durch eine Vielzahl von leicht nachzukochenden Rezepten sowie Tipps und Anregungen zu erleichtern. Dennoch bleibt der direkte Vergleich zu echtem Käse, ob man nun will oder nicht, immer im Raum stehen. Sein Geruch, sein Aroma scheint uns quasi zu verfolgen. Warum das so ist, versuche ich Ihnen zu erklären. Begeben Sie sich mit mir auf eine spannende Entdeckungsreise. Erfahren Sie, wo die Ursprünge des Käses liegen und wie er sich über die Jahrtausende entwickelt hat. Entdecken Sie, was sowohl Tiermilchkäse als auch rein pflanzlichen Käse ausmacht. Denn um auf Käse verzichten zu können, muss man Käse verstehen! Verstehen führt zu Akzeptanz. Und zur Bereitschaft, Alternativen zu erkennen und diese mit offenem Herzen sowie allen zur Verfügung stehenden Geschmacksknospen anzunehmen. Ist dies geschehen, sind Kopf und Magen bereit, die moderne Art der Käseküche zu genießen. Nämlich auf ganz und gar tiermilchfreie Art.

## Käse – ein Lebensmittel mit langer Tradition

Käse ist in unserem westlichen Kulturkreis in aller Munde. Weltweit schätzt man mindestens viertausend verschiedene Käsesorten. Überall auf der Welt, wo es milchgebende Tiere – ob nun Kuh, Ziege, Schaf oder Yak, Kamel und Esel – gibt, gibt es auch Käse. Und das nicht erst seit heute. Keiner weiß ganz genau, wann und wo der erste Käse hergestellt wurde. Man vermutet, dass bereits mit dem Beginn der Viehzucht und Weidewirtschaft in der Mittelsteinzeit (etwa 10.000 vor Christus) aus Kuhmilch ein Nahrungsmittel entwickelt wurde, das dem heutigen Sauermilchkäse ähnlich war. Die Tatsache, dass in Tonkrügen abgefüllte und neben der Feuerstelle oder in der Sommersonne aufbewahrte Milch erst säuerlich und dann dicklich wird, entdeckten die Steinzeitmenschen allerdings mehr durch Zufall. Wesentlich wissenschaftlicher ging man ab etwa 5.000 vor Christus in Mesopota-

Alles Käse oder was? 11

mien, in Palästina, im gesamten Schwarzmeerraum, in Kleinasien, Ägypten und Nordafrika vor, wo die Käsezubereitung zur Handwerkskunst ausreifte. Besonders die alten Griechen hatten eine ausgesprochene kulinarische Schwäche für Käse. Griechische Sklaven führten den Käse im Alten Rom ein, von dort trat er im Handgepäck expansionshungriger Legionäre seinen Siegeszug in allen Teilen Europas an. Im Mittelalter verstanden vor allem die Mönche in europäischen Klöstern die Kunst der Käseherstellung.

In der Neuzeit wurde Käse vielfach ein Massenprodukt, das nicht mehr mit solider und liebevoller Handwerkskunst auf der Alm oder am Erzeugerhof hergestellt, sondern in Käsefabriken quasi am Fließband fabriziert wird. Wodurch leider oft sowohl die Qualität als auch der Geschmack auf der Strecke bleiben. In den letzten Jahren setzen gerade die biologisch arbeitenden Käsereien daran, diesem Negativtrend entgegenzuwirken.

## Käse – nur bedingt vegetarisch

Dass die Milch den Käse macht, weiß in unserem Kulturkreis (fast) jedes Kind. Milch allein reicht jedoch nicht aus, damit sich die weiße Flüssigkeit in eine mehr oder minder feste Masse verwandelt. Bei jedem Käse muss die Milch vorher zum Gerinnen, das heißt zum Eindicken gebracht werden. Bei Sauermilchkäsen wie zum Beispiel Harzer Käse genügt dazu die Zugabe von Milchsäurebakterien.

Die meisten anderen Käsesorten werden durch das Hinzufügen von Lab hergestellt. Lab ist ein Gemisch aus eiweißspaltenden Enzymen, die in der Magenschleimhaut von Säugetieren gebildet werden. Traditionell wird Lab aus dem Labmagen von Kälbern im milchtrinkenden Alter gewonnen. Früher stellte jede Käserei ihr eigenes Naturmagenlab her. Inzwischen kommt in der Regel industriell gefertigtes Fabrik- oder Kunstlab als »Labextrakt« zum Einsatz, was die gleichbleibende Qualität beim Käsen sicherstellen soll. Weltweit werden etwa fünfunddreißig Prozent aller Käsesorten mit Kälberlab oder »Labextrakt« hergestellt. Nicht nur Vegetariern und Tierfreunden stößt dies sauer auf.

Weil außerdem die Käseproduktion weltweit rasant ansteigt und Kälberlab zunehmend knapp wird, hat man nach anderen Alternativen gesucht. Seit den siebziger Jahren wird auf mikrobiellem Weg ein Labaustauschstoff hergestellt, der in der Lage ist, das notwendige Enzym zu produzieren.

Da dieser Labaustauschstoff auf dem Einsatz von Schimmelpilzen basiert, wird manchmal auch der Begriff »vegetarisches Lab« verwendet. Heute hat mikrobielles Lab einen Marktanteil von etwa vierzig Prozent. Trotz dieser für vegetarische Käseliebhaber erfreulichen Entwicklung besteht nicht unbedingt ein Grund zum Jubeln. Die steigende Nachfrage nach »tierfreiem Lab« hat dazu geführt, dass sich Gen-Lab, also gentechnisch hergestellte Labaustauschstoffe, durch die Hintertür in den Käse eingeschlichen haben. Dabei wird das Enzym Chymosin durch gentechnisch veränderte Mikroorganismen gebildet. Inzwischen wird ein beträchtlicher Teil des weltweit hergestellten Käses mit Gen-Lab produziert. Obwohl hierzulande die Herstellung von Gen-Lab verboten ist, darf es dennoch eingeführt und bei der konventionellen Käserei verwendet werden. Da es sich bei Lab um keinen Lebensmittelzusatzstoff, sondern um einen Produktionshilfsstoff handelt, ist es nicht deklarationspflichtig, das heißt, es taucht im Regelfall nicht auf der Zutatenliste auf.

## Pflanzlicher Käse – die (fast) tierfreie Alternative

Ganz ohne Tiermilch und tierisches oder gentechnisch verändertes Lab kommt das inzwischen stetig wachsende Sortiment an industriell gefertigten pflanzlichen Käsesorten daher. Die meisten dieser veganen Käsesorten basieren auf Sojabohnen oder Weizengluten, Pflanzenölen oder -fetten und verschiedenen Gewürzen sowie Aromen. Ihre Festigkeit erhalten sie durch den Einsatz von pflanzlichen Gerinnungs- und Bindemitteln. Das Angebot reicht von Frisch- und Streichkäse über Schnittkäse bis zu Mozzarella und Parmesan. Weil man über Geschmack bekanntlich trefflich streiten kann, sollte jeder für sich selbst entscheiden, ob diese pflanzlichen Käsesorten tatsächlich eine geschmackliche Alternative bieten. Für eine vollwertige Ernährung sind sie nur eingeschränkt empfehlenswert, da viele dieser käseanalogen Produkte gehärtete Fette und Zusatzstoffe wie künstlich zugesetzte Aromen und Farbstoffe sowie Stabilisatoren enthalten. Weitere Minuspunkte sind der relativ hohe Preis und die Tatsache, dass die meisten Käseersatzsorten nur im Versandhandel zu beziehen sind.

Auch bei als vegan deklariertem Käse lohnt sich übrigens der kritische Blick auf die Zutatenliste, vor allem, wenn man auf das Milcheiweiß Kasein allergisch reagiert. Einigen Sojakäsesorten, die über den Versandhandel zu

Alles Käse oder was?    13

bestellen sind, wird aus Kuhmilch gewonnenes Kasein zugefügt. Kasein sorgt
als Zusatzstoff für ein besseres »Mundgefühl« und dafür, dass der Sojakäse
wie Kuhmilchkäse beim Überbacken Fäden zieht und schmilzt. Allergiker
sowie alle, die Tierprodukte konsequent von ihrem Speiseplan gestrichen
haben, sollten daher auf diesen zweifelhaften Genuss verzichten.

## Käse als fester Bestandteil unserer Esskultur

Vielleicht gehören Sie zur wachsenden Gruppe derer, die aus gesundheitlichen, ethischen, ökologischen oder religiösen Gründen auf Milchprodukte verzichten wollen? Bei vielen ist der Geist oft willig, der Bauch jedoch
schwach. »Ich könnte ja völlig tiereiweißfrei leben, wenn ich nur nicht auf
den Käse verzichten müsste«, ist ein Argument, das bei der Ernährungsum-
stellung ein zentnerschweres Gewicht trägt.

Aus welchen Gründen auch immer, ein Leben ganz und gar ohne Käse
– das werden sich viele nur schwer vorstellen können. Das ist kein Zeichen
von Charakterschwäche, sondern hat einen guten Grund. Und der liegt im
Käse selbst.

Denn gerade wir Nordeuropäer haben ein besonders inniges Verhältnis
zu allem Milchigen und Käsigen. Während der Großteil der Menschen weltweit vor Erreichen des Erwachsenenalters die Fähigkeit, Laktose (Milchzucker) in Glukose und Galaktose zu spalten und damit zu verdauen, verliert, verfügen siebzig bis neunzig Prozent der Nordeuropäer dagegen über
ein verändertes, quasi »milchfreundliches« Gen. Es sorgt dafür, dass das
die Laktose spaltende Enzym Laktase lebenslang aktiv bleibt. Je weiter
man nach Norden kommt, desto häufiger ist das veränderte Laktase-Gen
zu finden.

Der Milch- und damit gleichzeitig der Käsekonsum hat sich in ganz
Nordeuropa wie auch in Deutschland über die Jahrhunderte kontinuier-
lich gesteigert. Dieser Trend setzt sich auch in der Neuzeit fort. Während
zum Ende der fünfziger Jahre der Pro-Kopf-Verbrauch an Käse bei mageren
sieben Kilogramm lag, trumpft er heute mit satten zweiundzwanzig Kilogramm auf. Dabei landet nicht aller Käse auf dem Brot. Drastisch zuge-
nommen hat die Verwendung von Milchprodukten und Käse vor allem
in Fertigprodukten sowie im stetig wachsenden Angebot von *Convenience
Food*. Die Tiefkühlpizza ist in dieser Hinsicht der Spitzenreiter. Pizza ohne

Käse ist einfach nicht denkbar. Wen kümmert es, dass die »Mutter aller Pizzen«, die erste in Süditalien angefertigte Pizza, lediglich aus frischem Hefeteig, Tomatenscheiben, Basilikum und Oregano sowie einem ordentlichen Schuss Olivenöl bestand?

Käse ist einfach in aller Munde und von unserem Speiseplan kaum wegzudenken. Darauf zu verzichten, empfinden viele als echte Einschränkung der Ess- und Lebensqualität. Denn wir lieben sowohl den Geschmack von Käse als auch das, für was er im übertragenen Sinn steht: Genuss, Wohlergehen und manchmal auch Trost. Im englischsprachigen Raum spricht man in diesem Zusammenhang von *comfort food.* »Wenn es mir schlecht geht, ist Essen das Einzige, was mich zu trösten vermag«, bemerkte schon der irische Schriftsteller Oscar Wilde. Wir greifen zu *comfort food,* wenn wir traurig oder verletzt sind, wenn wir uns gestresst oder ungeliebt fühlen, wenn Alltagssorgen uns quälen oder uns einfach das schlechte Wetter auf die Nerven geht. *Comfort food* ist oft an positive Kindheitserlebnisse gekoppelt. Es wärmt von innen wie von außen und lässt die Stimmung schnell wieder steigen. Neben Schokolade sind Käse und mit Käse zubereitete Mahlzeiten die Seelentröster schlechthin.

Doch Käse kann nicht nur trösten. Es wird sogar vermutet, dass das Verlangen nach Käse kein Ausdruck von Willensschwäche, sondern eine Form von Sucht ist. In Milch wurden Eiweißstoffe, sogenannte Exorphine, nachgewiesen, die wie Opiate wirken, das heißt, sie können stimmungsaufhellend eingesetzt werden. Für einen Opiumrausch reicht die in der Milch vorhandene Menge an Exorphinen allerdings bei Weitem nicht aus. Dennoch lässt sich die Vermutung daraus ableiten, dass bei konzentrierten Milchprodukten wie dem Käse eine Art körperlicher Gewöhnungseffekt einsetzt. Wird plötzlich kein Käse mehr gegessen, könnte dies zu Unpässlichkeiten führen, die im weitesten Sinn mit Entzugserscheinungen beschrieben werden können.

# Käse veganese:
# Zubereitung auf pflanzlicher Basis

## Aller Anfang ist die Milch

Am Anfang der Käseproduktion steht die Milch. Wenn man Käse aus Tiermilch herstellen will, ist es die Milch von Kühen, Schafen oder Ziegen. Will man Käse auf rein pflanzlicher Basis erzeugen, verwendet man als eine der unabdinglichen Zutaten Milch, die aus Bohnen, Getreide, Nüssen oder Kernen gewonnen worden ist. Diese rein pflanzliche Milch wird, sobald sie in den Handel kommt, jedoch als »Drink« bezeichnet, weil der Begriff »Milch« aufgrund einer europäischen Verordnung dafür nicht verwendet werden darf. Die rein pflanzlichen Milchalternativen kommen dem Geschmack von Kuhmilch inzwischen sehr nahe, sind ohne Cholesterin, Laktose oder Milcheiweiß, aber voller Vitamine und Mineralstoffe. Für Laktose-Intolerante, Milcheiweißallergiker oder alle, die sich gesundheitsbewusst oder vegan ernähren wollen, sind sie eine wertvolle Bereicherung des Speiseplans. Zu beziehen sind die Milchersatzprodukte in Reformhäusern, Naturkostfachgeschäften und inzwischen auch in den meisten Supermärkten. Möchte man nur »Natur pur« in seinem pflanzlichen Drink vorfinden, sollte man darauf achten, dass alle Bestandteile aus kontrolliert biologischem Anbau stammen.

Für die Herstellung von rein pflanzlichen Käsealternativen sind vor allem die folgenden Sorten von Bedeutung.

### Sojadrink

Entgegen allen landläufigen Gerüchten ist Sojadrink keine Erfindung der neuen Öko- oder Gesundheitswelle. Denn als wir Mitte der neunziger Jahre zaghaft damit anfingen, unser Müsli mit Sojadrink anzureichern, hatte dieser in den asiatischen Ländern bereits eine Jahrtausend währende Tradition. Schon gut einhundertfünfzig Jahre vor Christus begann man in China aus gemahlenen, in Wasser aufgekochten und danach abgeseihten Sojabohnen ein wohl schmeckendes Getränk zuzubereiten. Noch heute wird entweder salziger oder süßer Sojadrink in China zum Frühstück gereicht und ist die Grundlage vieler schmackhafter traditioneller Speisen. Das weltweit beliebteste Sojaprodukt – der Tofu – wird aus gestocktem Sojadrink hergestellt.

Heute wird Sojadrink in vielen Geschmacksnuancen im Handel angeboten: natur, gesüßt, mit Früchten, mit Kakaopulver oder mit Aromen versehen. Der einstige etwas »bohnige« oder »getreidige« Geschmack, der dem Sojadrink früher anlastete, gehört dank moderner Produktions- und Filtermethoden längst der Vergangenheit an. Neulinge in Sachen Sojadrink sollten sich dennoch langsam an die neuen Geschmackseindrücke heranwagen und Zunge und Gaumen die Chance geben, sich an die rein pflanzliche Milch zu gewöhnen. Mir hat Sojadrink vom ersten Schluck an geschmeckt – aber manchmal empfiehlt es sich, verschiedene Sorten auszuprobieren und den eigenen Favoriten zu finden.

Ernährungsphysiologisch kommt Sojadrink der Kuhmilch sehr nahe. Er ist ebenso eiweißreich wie Kuhmilch und enthält alle essenziellen, das heißt für den menschlichen Körper wichtigen Aminosäuren. Positiv wirkt sich sein hoher Anteil an Kalium, Magnesium und den gerade für Frauen im mittleren Lebensabschnitt so wichtigen Isoflavonen aus. Schlechter schneidet Sojadrink hinsichtlich des Gehaltes von Kalzium und dem lebenswichtigen Vitamin $B_{12}$ ab – weshalb beide Stoffe inzwischen vielen Sorten von Sojadrink künstlich beigemischt werden.

Sojadrink kann Gerichten in kalter oder heißer Form zugemischt werden, wodurch er der Favorit bei der Zubereitung von rein pflanzlichen Käsezubereitungen ist.

## Reisdrink

Wem der Geschmack von Sojadrink partout nicht munden will oder wer allergisch oder mit Verdauungsbeschwerden auf Soja reagiert, kann auf Reisdrink ausweichen. Reis ist zudem glutenfrei und gut bekömmlich.

Damit aus dem Korn Milch beziehungsweise ein Drink entsteht, werden die Reiskörner fein gemahlen, im Verhältnis eins zu zehn mit Wasser vermischt und kurz aufgekocht. Zur Fermentation werden Enzyme zugesetzt, sodass Reisdrink eine feine Süße aufweist. Um die typische und von den Konsumenten gefragte »milchige« Farbe zu erlangen, wird dem Reisdrink zum Schluss ein wenig Sonnenblumenöl und etwas Lezithin als Emulgator hinzugefügt. Ein paar Körnchen Meersalz sorgen dafür, dass die natürliche Süße nicht zu dominant wird.

Ebenso wie Sojadrink kann Reisdrink kalt oder heiß verwendet werden. Andere pflanzliche Drinks aus Getreide wie zum Beispiel Hafer- oder

Käse veganese: Zubereitung auf pflanzlicher Basis

Dinkeldrink sind für die Herstellung rein pflanzlicher Käsezubereitungen weniger zu empfehlen. Ihre Grundsubstanz, das heißt das Getreide, ist geschmacklich nicht zu leugnen. Sofern möglich, sollte man bei der Zubereitung der ab Seite 39 angegebenen Rezepte deshalb auf Soja- oder Reisdrink zurückgreifen.

## Mandelmilch

Was den Chinesen ihre Sojabohne ist, ist uns Europäern die Mandel. Die längliche, eiförmige Steinfrucht mit der rauen Schale und dem weichen, weißen Kern wächst auch in Europa in allen gemäßigten Klimazonen. Damit aus der harten Frucht eine feine Milch entsteht, werden die Kerne der Süßmandel gemahlen und anschließend mit kochend heißem Wasser überbrüht. Den Mandelsud lässt man mehrere Stunden oder auch über Nacht ruhen, bevor er abgefiltert und damit geklärt wird.

Im Mittelalter kam Mandelmilch als Ersatz für Kuhmilch an Fastentagen zum Einsatz. Heute verwenden wir gemahlene und (vorwiegend) blanchierte Mandeln nicht nur zum Backen und zur Herstellung von Süßspeisen, sondern mischen sie als Träger- und Geschmackssubstanz unseren pflanzlichen Käsezubereitungen unter. Mit Hefeflocken und Semmelbröseln vermischt, werden sie zu einem schmackhaften Ersatz für echten Parmesan.

## Kokosmilch

Kokosmilch wird in vielen indischen und asiatischen Gerichten wie zum Beispiel in Currys verwendet. Sie wird aus dem geraspelten Fruchtfleisch junger Kokosnüsse gewonnen, das mit Wasser püriert und anschließend durch eine Presse geleitet wird. Aufgrund der sämigen, fein-cremigen Konsistenz kann Kokosmilch vor allem bei der Zubereitung von Süßspeisen und Torten Butter wie Sahne ersetzen. Mit salzhaltigen Zutaten kombiniert, macht sich Kokosmilch auch bei der Zubereitung von einigen rein pflanzlichen Käsekreationen, wie zum Beispiel dem Schnittkäse nach Butterkäse-Art (siehe Seite 58), gut. Der relativ hohe Fettgehalt der Kokosmilch gibt diesem Schnittkäse ein cremiges und beinahe butterartiges Aroma.

Bei einigen Rezepten kann anstelle von Kokosmilch auch Mandelmilch verwendet werden. Weil Mandelmilch jedoch meistens etwas dünnflüssiger und weniger fettreich als Kokosmilch ist, sollte dann aber zusätzlich etwas geschmacksneutrales Pflanzenöl und etwas Johannisbrotkernmehl zum Binden hinzugefügt werden.

## Das Gute daran ist das Gute darin

Mit der Milch allein ist es bei der Käsezubereitung nicht getan. Wenn wir echten Tiermilchkäse herstellen wollten, würden wir der Milch nun Milchsäurebakterien oder Lab zusetzen, damit die Milch gerinnt und aus dem so entstehenden Käsebruch der eigentliche Käse gewonnen werden kann. Bei der Zubereitung von rein pflanzlichem Käse oder von Gerichten, die ein Käsearoma erhalten sollen, bedienen wir uns anderer Zutaten. Da Ihnen ein Teil dieser Zutaten vielleicht neu oder in diesem Zusammenhang neu ist, werde ich Ihnen diese in einem nachfolgenden Kapitel ab Seite 25 vorstellen. Bleiben wir zuerst jedoch noch bei der Betrachtung dessen, was die in diesem Buch vorgestellten Käsekreationen ausmacht. Um sich den ganzen Vorgang besser vorstellen zu können, möchte ich Ihnen ein optisches Bild als Hilfe anbieten: Stellen Sie sich die Zubereitung der rein pflanzlichen Käsesorten wie den Griff in einen mit Bauklötzen prall gefüllten Baukasten vor, aus dem Sie sich je nach der gewünschten Konsistenz, der Festigkeit und dem Aroma der Endspeisen mit den entsprechenden Bauklötzen bedienen. Nicht immer sind alle im Kasten befindlichen Bauklötze gleichzeitig gefragt, aber einige werden Sie als Basis immer wieder gebrauchen. Diese sollten in Ihrem Baukasten reichlich vorhanden sein.

Schauen wir uns nun die einzelnen Ebenen der rein pflanzlichen Käserei an:

### Hülsenfrüchte, Nüsse und Mandeln als Basis

Neben den oben schon ausführlich beschriebenen Pflanzendrinks (**Ebene 1**) werden die dicksten Klötze Ihres Baukastens aus **Tofu, gekochten Hülsenfrüchten** und **Nuss- oder Mandelkernen** bestehen. In gründlich pürierter oder gemahlener Form bilden sie die Basis für die rein pflanzlichen Käsezubereitungen. Sie sind als Ersatz für den Käsebruch zu betrachten. Durch die Zugabe von Aromaträgern und Stoffen, die für die notwendige Festigkeit sorgen, wird auf dieses Grundgerüst aufgebaut. Die grundlegenden Zutaten sind jedoch nicht beliebig austauschbar. Wo pürierter Tofu gefragt ist, sollten Sie diesen auch einsetzen, weil sonst ein anderes Endresultat ent-

# Käse veganese: Zubereitung auf pflanzlicher Basis

steht und Ihre Käsekreation nicht so schmeckt, wie sie eigentlich schmecken sollte. Denken Sie bei der Zubereitung immer an Ihren Baukasten: Wenn Sie einen runden, schmalen Turm bauen wollen, werden Sie auch nicht die flachen und rechteckigen Klötze verwenden.

Wenn im Rezept Tofu verlangt wird, ist der geschmacksneutrale **Naturtofu** gemeint. Pur genossen wird er nur wenigen schmecken. In Verbindung mit Salzigem oder Süßem, mit Kräutern und Aromen wird er allerdings

**Zutaten für die pflanzliche Käseproduktion: Vom breiten Fundament wird viel, von der dünnen Spitze wird wenig verwendet.**

zum wahren »Geschmacks-Tausendsassa«. Mit Zitronensaft und Kräutern angereichert, wird er blitzschnell zum Frischkäseersatz oder kann Ricotta ersetzen. Im Käsekuchen dient er als Quark- oder Schichtkäseersatz und mit geschmolzener Schokolade wird er zu einer verführerischen Füllung. Damit Tofu wirklich nur nach Tofu und nicht nach dem Einlegewasser oder der Verpackung schmeckt, sollten Sie ihn vor der Weiterverwendung kurz abbrausen und danach vorsichtig das überschüssige Wasser auspressen. Diese Prozedur übersteht der Tofu am besten, wenn Sie ihn nach dem Brausebad in Küchenkrepp einwickeln.

**Hülsenfrüchte,** also die getrockneten Samen von Erbsen, Linsen, Kichererbsen und Bohnen, sind wertvolle Eiweiß-, Vitamin- und Energiespender. Außerdem sind sie gerade in der vegetarischen Küche vielseitig einsetzbar. In gekochter und danach gründlich pürierter Form können sie die Ausgangsbasis für cremige Dips, Dressings, Saucen und rein pflanzliche Käsezubereitungen bilden. In diesem Zusammenhang sind vor allem **weiße Bohnen** empfehlenswert, vorzugsweise die kleinen und beim Kochen leicht musig werdenden Sorten, die unter dem Sammelbegriff »weiße Bohnen« in den Handel kommen. Empfehlenswert sind ebenso italienische Cannellini-Bohnen oder Toscanelli-Bohnen, kleine Perlbohnen und kleine Limabohnen. Sie alle lassen sich in gekochter Form cremig pürieren und weisen wenig Eigengeschmack auf, sodass ähnlich wie beim Naturtofu die zugegebenen Kräuter und Würzmittel voll zur Geltung kommen. Falls keine kleinen weißen Bohnen zur Hand sind, können auch Borlotti-Bohnen, Schwarzaugenbohnen oder rote Kidneybohnen verwendet werden, die alle im Geschmack etwas intensiver sind, bei der pflanzlichen Käserei aber dennoch zu einem guten und vor allem schmackhaften Ergebnis führen.

Die Bohnen sollten vor dem Kochen über Nacht in der dreifachen Menge kalten Wassers eingeweicht und ohne die Zugabe von Salz weich gekocht werden. Falls Sie einen Schnellkochtopf ihr Eigen nennen, scheuen Sie sich nicht, diesen zum Kochen der Hülsenfrüchte einzusetzen, da er die Kochzeit – je nach Sorte der verwendeten Bohnen – bis um die Hälfte reduzieren kann. Gekochte Bohnen lassen sich problemlos bis zu einem Vierteljahr einfrieren, sodass es sich für eifrige »Käser« lohnt, gleich größere Mengen davon zu kochen und in den Kälteschlaf zu versetzen.

Ein weiterer Bestandteil unseres Grundgerüstes sind **Nüsse und Kerne.** Auch sie lassen sich, in fein gemahlener Form und mit etwas Flüssigkeit ver-

Käse veganese: Zubereitung auf pflanzlicher Basis    21

setzt, wunderbar pürieren. Sie geben den Zubereitungen etwas mehr »Biss« und Gehalt, da Nüsse und Kerne sehr fetthaltig sind. Da Fett zudem ein Geschmacksträger ist, kommen die weiter zugefügten Aromen voll zur Geltung. In meinen Rezepten verwende ich vorwiegend gemahlene **Cashew- oder Paranusskerne.** Mit Hilfe des Pürierstabs oder der Küchenmaschine werden sie cremig weich und weisen einen leicht »butterigen« Geschmack auf. Das Gleiche gilt für gemahlene **Mandeln,** die sowohl in salzigen als auch süßen Zubereitungen vielfältig eingesetzt werden können. Bei Aufläufen und gratinierten Speisen bilden gemahlene Mandeln eine befriedigende Kruste, die geriebenen Hartkäse ersetzen kann.

Einmal geöffnete Packungen von Cashew- oder Paranusskernen sollten, da sie schnell zur Schimmelbildung oder zum Ranzigwerden neigen, in einem verschließbaren Gefäß im Kühlschrank aufbewahrt und bald verbraucht werden.

Enthäutete, ganze Mandeln halten sich abgedeckt im Kühlschrank etwa einen Tag.

## Mehle und Bindemittel für die richtige Konsistenz

Nachdem wir nun unser Grundgerüst für die »pflanzliche Käserei« aufgebaut haben, gilt es dies zu verfeinern. Wir müssen uns die Frage stellen, wie unsere Käsezubereitungen letztendlich daherkommen sollen. Sollen sie weich und fließend sein, sodass sie noch vom Löffel tropfen? Oder soll ein Messer zum Einsatz kommen, mit dem sie sich aufs Brot streichen lassen? Oder sollen sie gar schnittfest sein und sich in Scheiben oder Rechtecke portionieren lassen?

Bei echtem Tiermilchkäse wird die Festigkeit durch mehr oder minder festes Pressen des Käsebruchs und durch die Reifezeit bestimmt. Wir bedienen uns hier, bei den rein pflanzlichen Käsekreationen, anderer »Festigungsmittel«.

Soll die pflanzliche Käsezubereitung in der Konsistenz Quark oder Frischkäse ähneln, reicht es meistens, die gekochten weißen Bohnen oder den Naturtofu mit etwas Soja- oder Reisdrink zu pürieren und etwas Weißweinessig oder frisch gepressten Zitronensaft hinzuzufügen.

Ist Streichfähigkeit gefragt, muss unser Grundgerüst an Standfestigkeit gewinnen. Dazu genügt es oft schon, **Hafer- oder Hirseflocken** unterzurühren, die beide gut abbinden. Noch eine Spur fester wird alles durch den

Einsatz von **Johannisbrotkernmehl,** einem universell einsetzbaren rein pflanzlichen Bindemittel. **Mehl** und **Speisestärke** eignen sich ebenso zum Andicken, vor allem, wenn die Käsezubereitungen nach dem Zusammenmischen aufgekocht werden. **Kichererbsenmehl** verleiht den Speisen einen herzhaften, leicht nussigen Geschmack.

Ist Schnittfestigkeit gefragt, ist **Agar-Agar** das Mittel der Wahl. Agar-Agar ist ein aus Meeresalgen gewonnenes Gelier- und Bindemittel, das die pflanzlichen Käsezubereitungen schnittfest werden lässt. Um eine optimale Festigkeit zu erhalten, muss jedoch genau dosiert werden. Bitte halten Sie deshalb die in den Rezepten angegebenen Mengen unbedingt ein. Noch mehr Wissenswertes zum Umgang mit Agar-Agar finden Sie ab Seite 25.

### Hefeflocken, Tahin und Senf fürs gewisse Extra

Unser Grundgerüst steht nun auf mehr oder minder standfesten Beinen. Das, was sich in unseren Töpfen oder Schüsseln befindet, kann in Konsistenz und optischem Eindruck mit echtem Käse mithalten. Jetzt ist es an der Zeit, sich die Frage aller Fragen zu stellen: Wie bekomme ich den Käsegeschmack an den Käse?

Bei Tiermilchkäse wird der Geschmack durch die Vorbehandlung der Milch, durch den Reifegrad und durch den Zusatz von speziellen Pilzkulturen bestimmt. Das alles braucht seine Zeit. Wir, die »Käser in der eigenen Küche«, sind dagegen ganz fix. Unsere Wundermittel in puncto Käsegeschmack heißen unter anderem **Hefeflocken, Tahin, Senf** und **Miso.**

»Aber Halt! Das alles hat doch mit echtem Käse nichts zu tun!«, werden Kritiker jetzt einwerfen. »Ihr Käse ist eine Fälschung!« – »Stimmt«, werden wir antworten. Aber genau darum geht es ja in diesem Buch. Wir wollen Käse herstellen, der weitgehend wie Käse aussieht, wie welcher schmeckt, aber kein richtiger ist. Wir wollen Käse ohne Kuh, ohne Cholesterin, ohne Laktose, ohne Milcheiweiß, aber mit vollem Geschmack! Was bewirken unsere geschmacksfördernden Wundermittel?

**Hefeflocken** haben von Natur aus einen käsigen Geschmack. Je intensiver sie dosiert werden, desto intensiver wird das Aroma.

**Tahin** ist eine Paste aus fein gemahlenen Sesamsamen. Sie gibt Speisen eine cremige Konsistenz und schmeckt leicht nussig. Tahin aus ungeschälten Sesamsamen hat einen etwas herben Geschmack, wodurch die Eigen-

# Käse veganese: Zubereitung auf pflanzlicher Basis

süße der Stärke in den gekochten Bohnen neutralisiert werden kann. In den hier vorgestellten rein pflanzlichen Käsekreationen wird das Sesammus auch dazu verwendet, um eine gewisse »Reife« vorzutäuschen. Soll es weniger herb sein, kann Tahin aus geschältem Sesam verwendet werden.

Als traditionelles Würzmittel hat **Miso** in der japanischen Küche eine lange Tradition, wobei vor allem die dunklen Sorten mit hohem Sojabohnenanteil verwendet werden. Bei der pflanzlichen Käserei kommen fast ausschließlich die helleren und milderen Sorten wie **Shiro Miso** und **Genmai Miso** zum Einsatz. Shiro Miso hat eine feine Eigensüße mit allerdings deutlichem Salzgeschmack und verleiht den Käsezubereitungen ein mildes Reifearoma.

Milder **Tafelsenf,** der vorwiegend aus gelber Senfsaat hergestellt wird, verleiht den pflanzlichen Käsezubereitungen durch seine milde, sanft dosierte Würze das »gewisse Extra«. Kräftigere pflanzliche Käsesorten und manche Saucen können auch einen Löffel scharfen Senf vertragen, bei dem das Senföl für eine ausgewogenere Schärfe als beispielsweise bei Pfeffer oder gemahlenen Chiliflocken sorgt. Außerdem kurbelt Senf den Verdauungsprozess an, sodass gerade die etwas fetthaltigeren pflanzlichen Käsekreationen nicht allzu schwer im Magen liegen.

## Kräuter und Gewürze sorgen für Abwechslung

Tiermilchkäse kommt in vielen Farbschattierungen und in vielen Geschmacksrichtungen daher. Warum sollte dies bei der Käsezubereitung aus rein pflanzlichen Inhaltsstoffen anders sein? Auch hier sorgen **Kräuter** und **Gewürze** für ein abwechslungsreiches Aroma. Gehackte Gartenkräuter wie Petersilie, Schnittlauch, Dill, Kresse und Kerbel verleihen den Käsezubereitungen eine leicht nordeuropäische Ausprägung. Eine Prise Kümmel sorgt für einen leicht bayerischen Einschlag. Mit Basilikum, Rosmarin und Knoblauch sowie dem einen oder anderen Löffel Tomatenmark hält der Geschmack des Südens Einzug. Gehackte Kapern und Zwiebeln führen uns nach Osteuropa. Gemahlene Kurkuma und Paprikapulver sorgen zusätzlich für Farbe.

Eine andere wichtige Würzzutat ist **Salz.** Falls Sie ansonsten mit dem Salzstreuer eher sparsam hantieren, knausern Sie bei der Zubereitung der pflanzlichen Käsesorten nicht allzu sehr mit dem Salz. Denn auch in echtem Käse ist in nicht unerheblichem Maß Salz enthalten. Manche Sorten werden bei der Reifung sogar regelmäßig mit einer Salzlake abgerieben.

## Ein Schuss Saures

Inzwischen sind wir ganz oben auf unserer Pyramide angelangt. Was fehlt, ist noch ein Schuss Saures. Echter Käse, vor allem Frischkäse, weist durch die Arbeit der Milchsäurebakterien eine feine Säure auf. Wir behelfen uns bei den rein pflanzlichen Käsekreationen mit einem oder zwei Esslöffel **Zitronensaft** oder **Essig.** Bitte halten Sie sich auch hier genau an die vorgegebenen Dosierungen.

## Pflanzliche Öle und Fette

Kommen wir nun zum letzten schmalen Klötzchen, dem Gipfel unserer Konstruktion: zu den **Fetten und Ölen.** Es liegt in der Natur der Sache, dass in Tiermilchkäse Fett enthalten ist. Von der Mager- bis zur Doppelrahmstufe ist bei Käse alles möglich und vorhanden. Vielen Käseliebhabern munden besonders die fetthaltigen Sorten, bei denen sich das Aroma besser auf der Zunge und im Gaumen verteilt. Das hat einen einfachen Grund. Denn Fett ist bei allen Lebensmitteln der Geschmacksträger Nummer eins. Deshalb kommen auch unsere Käsezubereitungen nicht ganz ohne (rein pflanzliche) Fette und Öle aus.

Wenn Sie Kalorien sparen möchten, können Sie bei den pflanzlichen Käsesorten, bei denen zusätzlich ein oder mehr Esslöffel Pflanzenöl oder Margarine hinzugefügt werden, diese Menge halbieren oder das Fett ganz weglassen. Würzen Sie in diesem Fall allerdings etwas herzhafter nach.

Für Neulinge in Sachen rein pflanzlicher Käsekreationen oder für Umsteiger empfiehlt sich dagegen das Gegenteil. Fügen Sie eher ein Löffelchen mehr Öl als angegeben und vielleicht noch eine Prise Salz hinzu. Ihr Gaumen muss sich erst an die etwas veränderten Geschmackserlebnisse gewöhnen. Im Laufe der Zeit werden Sie merken, dass Sie sowohl beim Salz als auch beim Fett wieder etwas sparsamer dosieren können.

Bei allen Rezepten, die Margarine als Zutat verlangen, sollten Sie hochwertige Pflanzenmargarine, die weder gehärtete noch umgeesterte Fette enthält, verwenden.

# Zu den Zutaten

## Agar-Agar

Das aus Algen gewonnene und damit rein pflanzliche Agar-Agar weist eine um ein Vielfaches höhere Gelierkraft als Gelatine auf und ist problemlos in der Anwendung. Es lässt sich gleichermaßen in süßen als auch pikanten Speisen verarbeiten, da die Fähigkeit abzubinden und zu gelieren von keinerlei Zusätzen wie beispielsweise Zucker abhängig ist.

Bei uns ist Agar-Agar in Reformhäusern, im Naturkostfachhandel und inzwischen auch in gut sortierten Supermärkten vorwiegend in Pulverform zu finden. Manche Anbieter dosieren in kleinen Beutelchen, wobei zum Beispiel ein Beutelinhalt von zehn Gramm für fünfhundert Milliliter Flüssigkeit ausreicht. Bei lose verpacktem Agar-Agar-Pulver reicht in der Regel ein gestrichener Teelöffel für fünfhundert Milliliter Flüssigkeit. Die Bindefähigkeit des Agar-Agars schwankt von Anbieter zu Anbieter, sodass es sich empfiehlt, vor dem ersten Gebrauch die Anweisungen des Herstellers genau zu lesen. Da Agar-Agar jedoch geschmacksneutral ist, kann man, wenn man hundertprozentig sichergehen will, lieber etwas höher als zu niedrig dosieren.

Wollen Sie testen, ob Ihre mit Agar-Agar zubereitete Speise tatsächlich fest wird, machen Sie folgende Gelierprobe: Geben Sie einen Unterteller ins Tiefkühlfach und lassen Sie ihn in fünf bis zehn Minuten gut durchkühlen. Wenn die mit Agar-Agar zubereitete Speise zum Abkühlen bereit ist, nehmen Sie den Teller aus dem Tiefkühlfach und geben ein bis zwei Teelöffel der Speise auf den kalten Teller. Die Probe sollte innerhalb von zwei bis drei Minuten befriedigend gelieren.

Wenn doch einmal etwas schiefgehen sollte und die Speise nicht geliert, müssen Sie nicht gleich verzweifeln oder das misslungene Produkt im Mülleimer entsorgen. Denn mit Agar-Agar hergestellte Speisen können mehrfach erhitzt und danach abgekühlt werden. Will zum Beispiel eine Ihrer in der heimischen Küche hergestellten Käsekreationen partout nicht abbinden, versuchen Sie Ihr Werk durch folgenden Trick zu retten: Geben Sie die komplette pflanzliche Käsezubereitung nochmals in einen Topf und rühren Sie etwa hundert Milliliter zusätzliches Wasser oder Sojadrink unter. Bringen Sie die Masse unter ständigem Rühren zum Kochen, geben Sie die im

Rezept geforderte Menge an Agar-Agar plus einen Teelöffel an Sicherheits-zuschlag hinzu und lassen Sie die Masse zwei Minuten sprudelnd kochen. Füllen Sie die Käsezubereitung danach in einen gefetteten Plastikbehälter und lassen Sie sie über Nacht im Kühlschrank stocken.

Um seine Gelierkraft entfalten zu können, muss Agar-Agar mindestens zwei Minuten in sprudelnd kochender Flüssigkeit gekocht werden. Dabei sollten Sie allerdings das Rühren nicht vergessen. Fest werden mit Agar-Agar zubereitete Speisen erst durch das Abkühlen im Kühlschrank. Planen Sie bei den pflanzlichen Käsekreationen, die Sie mit Agar-Agar zubereiten, also immer eine Abkühlphase von mindestens vier bis fünf Stunden ein.

Sehr empfindliche Näschen werden selbiges vielleicht rümpfen, weil beim Öffnen der Verpackung oder beim Kochvorgang vom Pulver ein leichter Meeresgeruch ausgeht. Aber keine Angst. Der Algengeruch verflüchtigt sich während der Zubereitung und ist in den fertigen Speisen nicht mehr wahrzunehmen.

## Ahornsirup

Ahornsirup wird vor allem in Kanada und im amerikanischen Norden pro-duziert. Dazu werden Ahornbäume»angezapft«, das heißt mit einem Loch in der Rinde versehen, aus dem der Saft tropft. Für einen Liter Ahornsirup werden vierzig bis fünfzig Liter Saft gebraucht, die ein einzelner Baum in etwa zwei Wochen hervorbringen kann. Danach wird der Saft eingekocht, bis der daraus entstandene Sirup einen Zuckergehalt von etwa sechzig Pro-zent hat.

## Ajvar

Ajvar ist eine typische Zutat der Balkanküche. Ursprünglich bestand Ajvar aus roten Paprika, die über dem offenen Feuer geröstet, danach geschält und fein gehackt mit Olivenöl, Zitronensaft, Knoblauch, Salz und Pfeffer gewürzt wurden. Der modernen Version werden heute vielfach geröstete und zermuste Auberginen sowie manchmal auch Zwiebeln zugefügt. Ajvar wird für den Handel in Gläser abgefüllt und ist in türkischen Lebensmittel-geschäften sowie in Supermärkten mit gut sortiertem internationalen Sorti-ment zu beziehen. Der Naturkosthandel führt es in Bioqualität. Man unter-scheidet mildes und scharfes Ajvar, das seine Schärfe durch die Zugabe von scharfen Peperoni erhält.

# Zu den Zutaten

## Avocado

Die Avocado ist eine Baumfrucht und wird heute in mehr als vierhundert Kultursorten in allen tropischen Ländern, aber auch im Mittelmeergebiet und in Südspanien angebaut. Obwohl die mittelgrüne oder leicht braune und warzige Schale und das hellgrüne Fruchtfleisch um einen harten Kern ruhen, ist die Avocado vom botanischen Standpunkt aus gesehen keine Steinfrucht, sondern eine Beere. Also eigentlich eine Frucht und kein Gemüse. Das können wir uns in der vegetarischen Küche zu Nutze machen, denn das zermuste Fruchtfleisch der Avocado schmeckt sowohl in Kombination mit salzigem als auch süßem kulinarischen Beiwerk. Käsig schmeckt die Avocado, wenn man das Fruchtfleisch mit Hefeflocken, Kichererbsenmehl und Sojasahne verrührt. Mit Tofu und Zitronensaft vermischt, entsteht ein Dip, der sich wie Sauerrahm einsetzen lässt.

Früher war die Avocado in unseren nordeuropäischen Breiten ein wahres »Luxusgewächs«. Heute kommt sie das ganze Jahr in den Handel und das zu erschwinglichen Preisen und sogar in Bioqualität.

Es liegt in der widersprüchlichen Natur dieser feinen und fetthaltigen Früchtchen (Ölgehalt bis zu fünfundzwanzig Prozent), dass ihr äußeres Erscheinungsbild trügt. Denn wenn die äußere Schale richtig hässlich und verschrumpelt wirkt, ist das Innere der Avocado gerade gut. Erst wenn die Schale auf Druck deutlich nachgibt, ist die Avocado zum Genuss bereit. Da das Fruchtfleisch an der Luft oxidiert und damit unansehnlich braun anläuft, sollte es bei der Verarbeitung schnell mit ein paar Tropfen Zitronensaft oder Essig beträufelt werden.

## Balsamicocreme

Balsamicocreme oder *Crema di Balsamico* ist eine Spezialität der italienischen Küche. Bei der Herstellung wird dem Balsamico-Essig Traubenmost, Zucker sowie ein Verdickungsmittel beigesetzt, sodass Balsamicocreme wesentlich milder als Balsamico-Essig ist. Es gibt sie in den Sorten rot und weiß. In den hier vorgestellten Rezepten ab Seite 39 findet vor allem die weiße Variante wegen ihres zarten, nicht dominanten, aber dennoch fein säuerlichen Geschmacks Verwendung. Balsamicocreme wird in einigen gut sortierten Naturkostfachgeschäften oder in Supermärkten mit italienischem Feinkostsortiment sowie natürlich in den meisten italienischen Spezialitätengeschäften angeboten.

## (Edel-)Hefeflocken

Wenn es sie noch nicht gäbe, müsste man sie glatt erfinden! Denn Hefeflocken sind aus der vegetarischen und vor allem veganen Küche einfach nicht mehr wegzudenken. Sie haben einen würzigen, nussigen Geschmack, sodass sie, einfach übergestreut, als Geschmacksverfeinerer für Suppen, Saucen, Salate, Gemüse oder herzhafte Gerichte dienen. Für Saucen, Suppen, Eintöpfe, herzhafte Cremes, Pasten und Dressings können sie zum Andicken und Binden verwendet werden.

Eine Eigenschaft, die alle anderen bisher aufgezählten jedoch noch toppt, ist die Tatsache, dass jedem einzelnen Flöckchen ein dezenter Käsegeschmack eigen ist. Aus diesem Grund sind Hefeflocken für alle rein pflanzlichen Käsekreationen und für Gerichte, bei denen ein Käsearoma ohne die Verwendung von tatsächlichem Käse erzeugt werden soll, das Mittel der Wahl.

Ihr guter Geschmack paart sich mit ihren guten ernährungsphysiologischen Eigenschaften, denn in Hefeflocken sind viele wichtige Mineralstoffe, Spurenelemente und Vitamine (vor allem die des Vitamin-B-Komplexes) enthalten.

## Johannisbrotkernmehl

Johannisbrotkernmehl wird aus den gemahlenen Samen des Johannisbrotbaums gewonnen. In der warmen Küche kann es zum Andicken von Suppen, Saucen, Aufläufen und gekochten Süßspeisen oder Backwaren verwendet werden. Mit kalten Flüssigkeiten verrührt, bindet es Dressings, Dips, Mayonnaisen, pürierte Fruchtzubereitungen und aufgeschlagene Soja- oder Hafersahne. Den rein pflanzlichen Käsezubereitungen verleiht es Steife und Standhaftigkeit und sorgt dafür, dass sie »schnittfest« werden. Um Klümpchenbildung zu vermeiden, kann es bei jeder Anwendung durch ein Sieb gestrichen werden.

## Kichererbsenmehl

Kichererbsenmehl wird aus den geschälten, halbierten und schonend gerösteten Samen der vor allem in Vorderasien und auf dem Balkan angebauten Kichererbse hergestellt. Kichererbsenmehl eignet sich zum Andicken von Suppen, Saucen und Dips und hat einen zarten, etwas nussigen Eigengeschmack. Im Gebrauch ist es sehr ergiebig. Zu beziehen ist Kichererbsen-

Zu den Zutaten 29

mehl in Reformhäusern und Naturkostfachgeschäften, in türkischen Lebensmittelgeschäften wie auch in gut sortierten Supermärkten.

## Kurkuma

Die aus Südostasien stammende Kurkuma oder auch Gelbwurzel gehört zur Familie der Ingwergewächse. Sie ist ein Hauptbestandteil von Currypulver, solo gibt sie Speisen einen mildwürzigen, leicht scharfen und etwas säuerlichen Geschmack. Das gelbe, sehr farbintensive Pulver kann überall dort eingesetzt werden, wo Curry zu intensiv schmecken würde.

In der westlichen Küche sowie bei den hier vorgestellten Käsekreationen wird Kurkuma vorwiegend wegen ihrer intensiven gelben Farbe genutzt. Auch industriell gefertigten Teigwaren und Senf wird Kurkuma aus gleichem Grund oft beigemischt.

Kurkumapulver sollte verschlossen, dunkel und kühl gelagert werden, weil es bei Licht schnell an Farbintensität und Aroma verliert.

## (Meer-)Salz

Ohne Salz schmeckt die sprichwörtliche Suppe fad. Auch alle Gerichte, in denen ein Käsearoma ohne die Verwendung von tatsächlichem Käse erzeugt werden soll, sind ohne das eine oder andere Körnchen Salz geschmacklich wenig überzeugend.

Dabei ist Salz nicht gleich Salz. Ich empfehle in meinen Rezepten (grobes) naturbelassenes Meersalz, weil es meiner Meinung nach weniger salzig als Stein- oder Siedesalz ist und die Aromen der anderen verwendeten Zutaten besser hervorhebt.

Falls Sie im Gebrauch von naturbelassenem Meersalz noch ungeübt sind, sollten Sie anfangs vorsichtig dosieren und besser nachwürzen, als von vornherein alles zu versalzen.

## Miso

Die auch als »braune Butter Japans« bezeichnete Würzpaste wird in ihrem Heimatland nach jahrhundertealten Rezepten in schonenden handwerklichen Verfahren hergestellt. Dabei ist richtige Butter natürlich nicht mit im Spiel, denn bei der Misoherstellung werden gekochte Sojabohnen mit Wasser, Meersalz und meist einer Getreideart vermischt und mit der Starterkultur Koji, einer Edelpilzart, angereichert. In Holzfässern reift die Masse, je nach Sorte, teilweise bis zu drei Jahre heran. Je dunkler und kräftiger das Miso ist, desto länger dauerte der Reifeprozess.

Bei der Zubereitung der rein pflanzlichen Käsekreationen verwenden wir vorwiegend die helleren und milderen, mit fermentiertem Reis hergestellten Sorten, also Genmai Miso und Shiro Miso. Letzteres ist besonders mild und cremig und kann in der tiermilchfreien Küche Sauerrahm, Crème fraîche oder Sahne ersetzen.

Oft genügen schon kleine Menge von einem bis zwei Esslöffeln, um den erwünschten Geschmack zu erzielen. Shiro Miso und Genmai Miso werden im gut sortierten Naturkostfachhandel und in einigen Reformhäusern geführt. Leider habe ich die Erfahrung machen müssen, dass einige Regionen noch sehr »misoresistent« sind. Dort wird man auf den Versandhandel zurückgreifen müssen.

## Soja- und Hafersahne

Auch bei vollwertiger Ernährung darf der Klecks Sahne in Suppe oder Sauce oder auf dem Kuchen manchmal einfach nicht fehlen. Laktose-Intolerante, Milcheiweißallergiker und alle, die sich vegan ernähren wollen, können inzwischen auf rein pflanzliche Alternativen zu echter Kuhmilchsahne ausweichen. Diese Produkte auf Soja- oder Haferbasis kommen allerdings unter Bezeichnungen wie beispielsweise *Soja Creme* oder *Hafer Cuisine* in den Handel, weil der Begriff »Sahne« (ebenso wie »Milch«) ausschließlich für ein Tiermilchprodukt vorgesehen ist.

Sowohl Soja- als auch Hafersahne geben Suppen, Saucen, Dips und Dressings das gewisse sahnige Extra und kommen durch ihren geringeren Fettgehalt auch noch etwas schlanker als Kuhmilchsahne daher.

## Sojajoghurt

Sojajoghurt wird aus Sojadrink hergestellt, dem Joghurtferment oder ein Teil fertiger Sojajoghurt beigesetzt wird. Wie Joghurt aus Kuhmilch kann Sojajoghurt auch zu Hause in einem Joghurtbereiter hergestellt werden. Dabei ist jedoch zu beachten, dass Sojajoghurt nicht bei jeder Sorte Sojadrink richtig stichfest wird, sodass mitunter verschiedene Sorten ausprobiert werden müssen. Außerdem empfiehlt es sich, den Sojadrink vor dem Einrühren des fertigen Sojajoghurts einmal kurz aufzukochen und danach bis auf etwa 40 °C abkühlen zu lassen.

Zu den Zutaten 31

Die Zubereitungszeit im Joghurtbereiter dauert etwas länger als bei normalem Joghurt. Manchmal wird erst nach zwölf Stunden die gewünschte Stichfestigkeit erreicht. Will man kein Risiko hinsichtlich der Stichfestigkeit eingehen, kann dem Sojadrink zusätzlich etwas Johannisbrotkernmehl oder aufgekochtes Agar-Agar beigefügt werden.

**Tahin**

Tahin (Sesammus) ist eine Paste aus bei niedriger Temperatur gerösteten und fein gemahlenen Sesamsamen. Man unterscheidet Tahin aus geschälten und ungeschälten Samen. Das aus ungeschälten Samen hergestellte Tahin ist deutlich dunkler, etwas zähflüssiger und ein wenig bitterer im Geschmack. Weißes Tahin erinnert in Farbe und Aussehen an Rahm und ist deutlich milder. Deshalb wird es bei der Zubereitung von rein pflanzlichen Käsekreationen vielfältig verwendet.

Reines Sesammus wird ohne den Zusatz von Emulgatoren oder Stabilisatoren hergestellt, wodurch sich das sesameigene Öl auf der Oberfläche absetzen kann. Durch kräftiges Rühren wird das Tahin wieder homogen und cremig.

Tahin ist nicht nur wohl schmeckend, sondern auch wohltuend, weil es viele Vitamine des Vitamin-B-Komplexes und eine gehörige Portion Kalzium enthält. In der tiermilchfreien und veganen Küche kann es daher in Verbindung mit anderen pflanzlichen Kalziumquellen gut zur Deckung des täglichen Kalziumbedarfs eingesetzt werden.

**Tofu**

Während sich vor ein paar Jahren nur Asiaten oder hartgesottene Vegetarier für Tofu erwärmen konnten, ist er heute in vieler Munde. Selbst in den Kühlregalen der großen Discounterketten ist Tofu heute eine Selbstverständlichkeit.

Wie kommt es, dass Tofu plötzlich so beliebt ist? Erstens: Tofu ist gesund.

Er besteht im Wesentlichen aus Sojadrink, dem als Gerinnungsmittel Magnesiumchlorid, Zitronensäure oder Kalziumsulfat zugesetzt wurde. Das Gerinnungsmittel bewirkt, dass der Sojadrink ausflockt und sich in Sojabruch und Sojamolke trennt. Der Sojabruch wird in Blöcken gepresst, portioniert und für den Handel verpackt. Damit vereint Tofu all die gesundheitlichen Vorteile der Sojabohne. Sofern er mit Kalziumsulfat hergestellt worden ist, weist er zudem noch eine Extraportion Kalzium auf.

Zweitens: Tofu ist so vielfältig wandelbar. Man kann ihn roh essen, kochen, braten, frittieren und räuchern. Er nimmt süße wie pikante Gewürzzutaten bereitwillig an. Deshalb ist Tofu gerade für die Zubereitung von rein pflanzlichen Käsekreationen so wertvoll. Als Basiskomponente sorgt er dafür, dass alle anderen Zutaten an Halt gewinnen und sich geschmacklich voll integrieren können. Er dominiert weder in Geschmack noch Konsistenz, sondern tritt bescheiden in den Hintergrund. Ein wahrer Freund für die tiermilchfreie Käseküche.

Drittens: Tofu ist lange haltbar. Die ungeöffneten Packungen halten sich, im Kühlschrank gelagert, mitunter wochenlang und sollten damit zur Standardausrüstung der vegetarischen und veganen Vorratskammer gehören. Falls bei der Zubereitung Reste von Tofu anfallen, können diese problemlos drei bis vier Tage im Kühlschrank aufbewahrt werden. Man sollte jedoch darauf achten, dass der Tofu dabei in Wasser »schwimmt«. Das Wasser muss täglich ausgetauscht werden. Tofureste lassen sich ebenso problemlos bis zu drei Monate einfrieren. Einmal eingefrorener und danach aufgetauter Tofu weist allerdings eine etwas festere Konsistenz als frischer Tofu aus. Damit lässt er sich wunderbar braten oder grillen. Will man aufgetauten Tofu zur Herstellung von rein pflanzlichen Käsekreationen verwenden, sollte man berücksichtigen, dass etwas mehr Flüssigkeit benutzt werden muss.

# Nützliche Küchenhelfer

Ein paar Küchenhelfer können Ihnen bei der Zubereitung helfen, sodass Sie sich schneller und gut gelaunt dem eigentlichen Genuss Ihrer Käsekreationen widmen können. Falls bei Ihnen noch nicht vorhanden, sollten Sie die Anschaffung folgender Gerätschaften erwägen:

## Ein Pürierstab

Der Pürierstab oder auch Stabmixer erweist sich als unentbehrlicher Helfer in der Küche. Seine rotierenden Messer im Mixfuß pürieren, mixen, zerkleinern oder schlagen in Sekundenschnelle Gemüse, Obst, Nüsse, Kerne, Gefrorenes und Flüssigkeiten. Die Geräte findet man heute in allen Preisstufen. Will man lange Freude an seinem Pürierstab haben, sollte man jedoch darauf achten, dass das Gerät mit einem leistungsstarken Elektromotor ausgestattet ist und auf mindestens zwei Leistungsstufen betrieben werden kann. An Geräte mit abnehmbarem Mixfuß lassen sich oft Zusatzteile anschließen, die beispielsweise das Hacken von Zwiebeln, Knoblauch und Kräutern oder das Mahlen von Nüssen und Kernen erleichtern.

## Eine Universal-Küchenmaschine

Weil der Pürierstab bei der Verarbeitung von größeren Mengen, wie sie teilweise in den Rezepten ab Seite 39 gefordert werden, an seine Grenzen stößt, empfiehlt sich außerdem die Anschaffung einer Universal-Küchenmaschine. Diese erledigt das Reiben, Raspeln, Schneiden von Obst und Gemüse, das Mahlen von Nüssen, Samen oder Kernen, das Kneten von Teigen, das Aufschlagen von Flüssigkeiten sowie das Pürieren von Speisen aller Art im Handumdrehen.

Auch hier gibt es bei den Geräten deutliche Unterschiede in Preis, Leistung und Ausstattung. Es empfiehlt sich, vor dem Kauf zu überlegen, was wirklich notwendig ist und was nach der Anschaffung an einem abgeschiedenen Plätzchen der Küche ungenützt verstauben würde.

Sofern Sie nicht nur Ihre eigenen pflanzlichen Käsekreationen, sondern auch gleich das passende Brot dazu zubereiten wollen, lohnt es sich, ein Gerät zu wählen, das mit einem Getreidemühlenaufsatz kombiniert werden kann.

## Ein hochwertiges Kochmesser

Sich vegetarisch und vollwertig zu ernähren, macht Spaß. Aber nur, wenn der damit unweigerlich verbundene Aufwand, also das Putzen, Schneiden und Zerkleinern von Obst, Gemüse und Kräutern, nicht als Last, sondern als Freude empfunden wird. In der Küche sind schlechte, das heißt unscharfe Messer die »Lustkiller« Nummer eins. Erwägen Sie deshalb, ob die Anschaffung eines hochwertigen Kochmessers für Sie möglich ist. Wichtig ist, dass es gut in Ihrer Hand liegt, erstklassige und dauerhafte Schärfe aufweist. Gute Messer haben ihren Preis, belohnen Sie aber mit jahrelanger Treue. Lassen Sie sich in einem guten Fachgeschäft beraten und nutzen Sie die Gelegenheit, verschiedene Messer in der Hand zu halten. Dabei werden Sie bald merken, welches Messer zu Ihnen passt oder nicht.

## Ein Sojadrinkbereiter

Früher war der Aufwand, Sojadrink in der heimischen Küche herzustellen, erheblich. Heute erweist sich die Zubereitung dank moderner Sojadrinkbereiter kinderleicht. Im günstigsten Fall werden Bohnen und Wasser in den Behälter des Sojadrinkbereiters gegeben und das Gerät eingeschaltet. Der Rest läuft vollautomatisch ab, und in einer knappen halben Stunde hat man den fertigen Sojadrink im Glas. Da die Hersteller moderner Geräte den früher schwer zu reinigenden Heizstab inzwischen in die Bodenplatte verlegt haben, sind auch Pflege und Reinigung fix zu bewältigen. Neben Sojadrink können mit den meisten Geräten auch Mandel- oder Getreidedrinks hergestellt werden. Einige Sojadrinkbereiter haben sogar eine Zusatzfunktion zur Tofuzubereitung.

Die Vorteile dieser Geräte liegen auf der Hand: Sie bestimmen selbst, welche Zutaten Sie verwenden und wie viel Pflanzendrink Sie herstellen wollen. Andererseits haben die Geräte, die im Elektrofachhandel, in gut sortierten Naturkostfachgeschäften oder im Versandhandel zu beziehen sind, noch ihren Preis. Sie sollten vor der Anschaffung gut durchrechnen, ob sich der finanzielle Aufwand für Sie lohnt. Auch schmeckt selbst zubereiteter Soja- oder Getreidedrink etwas anders als die industriell produzierten Drinks, sodass Sie eventuell mit den verwendeten Zutaten etwas variieren müssen. Falls Sie in Ihrem Haushalt jedoch sehr viel Sojadrink verbrauchen oder (vielleicht mit Hilfe dieses Buches) zum Experten in Sachen rein pflanzlicher Käsezubereitungen werden, lohnt sich die Anschaffung auf jeden Fall.

# Pflanzliche Quellen für Kalzium und Vitamin B$_{12}$

## Auch ohne Milch gut versorgt

Kann ich mich auch ohne Milch oder Käse gesund und vollwertig ernähren? Ist es ohne Milch und Käse möglich, die Versorgung mit Kalzium sicherzustellen?

Beides lässt sich mit einem ausdrücklichen JA beantworten. Denn wer sich ausgewogen und vollwertig, das heißt mit viel frischem Obst, Gemüse und Kräutern, Vollkornprodukten aus Getreide, Hülsenfrüchten und Sojaprodukten, ernährt, tut viel Gutes für sich und seinen Körper. Ergänzt man diese gute und gesunde Basis durch die entsprechende Auswahl an rein pflanzlichen Lebensmitteln und Getränken mit hohem Kalziumgehalt, ist man auf der sicheren Seite.

Mutter Natur versorgt uns mit einer erstaunlichen Menge an pflanzlichen Kalziumträgern. Wird eine Auswahl dieser rein pflanzlichen Kalziumbomben täglich in den Speiseplan integriert, ist die Deckung des Kalziumbedarfs für Erwachsene kein Problem. Gewusst wie und geschickt kombiniert hilft auch in diesem Fall, sich effizient und sicher vor Mangelerscheinungen zu schützen. Wenn Sie dann noch täglich kalziumreiches Mineralwasser (mehr als zweihundert Milligramm Kalzium pro Liter) trinken, sorgen Sie zusätzlich für eine ausreichende Zufuhr.

## Pflanzliche Kalziumbomben

An der Spitze der pflanzlichen Kalziumlieferanten stehen die Ölsamen, insbesondere Mohn, Sesam, Sonnenblumenkerne und Leinsamen. Freunde süßer Mohnleckereien wie beispielsweise der Mandarinen-Mohn-Muffins (Rezept s. S. 208) müssen beim Naschen kein schlechtes Gewissen mehr haben, weil sie mit jedem Körnchen Mohn für Genuss und Gesundheit gleichzeitig sorgen. Sesamsamen sind hierzulande noch nicht so fest etabliert, doch gerade bei der Zubereitung der in diesem Buch vorgestellten Rezepte wird der eine oder andere Esslöffel Tahin (Sesammus) verlangt, wodurch sich die Kalziumbilanz ebenfalls deutlich aufbessern lässt. Eine schmackhafte Alternative zu echtem Parmesankäse sind die aus Samen und

Kernen angefertigten rein pflanzlichen Parmesansorten (Rezepte s. S. 46ff).

Neben Sesamsamen werden hierbei wie bei vielen anderen pflanzlichen Käsesorten Nüsse und Kerne untergemischt, die ebenfalls in nicht unerheblichen Mengen Kalzium enthalten.

Nüsse, Kerne und Samen weisen allerdings viel Fett und damit gleichzeitig viele Kalorien auf. Schlankere Kalziumträger kommen aus der Gemüseabteilung. Vor allem verschiedene Kohlsorten, aber auch Rucola, Fenchel, Lauch und Bleichsellerie liefern Kalzium.

Spinat, Mangold und Rote Bete sind zwar ebenfalls reich an Kalzium, allerdings auch an Oxalsäure. Diese hat die leidige Eigenschaft, Kalzium im Darm zu binden und die Aufnahme aus der Nahrung zu erschweren. Aus diesem Grund sollten Spinat und Mangold nicht täglich auf den Tisch kommen.

Kinder werden vor allem süße Früchtchen schätzen. Mit getrockneten Aprikosen, Feigen, Datteln und Weintrauben lässt sich Kalzium kinderleicht aufnehmen.

Wer seine Gerichte gut gewürzt liebt, greift gern zu frischen Kräutern. Petersilie, Schnittlauch, Brunnenkresse, Estragon, Basilikum oder Dill sorgen sowohl für den richtigen Geschmack als auch für eine kleine Extraportion Kalzium. Wer Wildkräuter wie Brennnessel und Löwenzahn in seinem Garten toleriert, tut nicht nur heimischen Insekten, sondern auch sich selbst Gutes, denn sie enthalten, zum Beispiel frisch gepflückt und in einen bunten Salat integriert, ebenfalls den knochenstärkenden Mineralstoff.

»Jedes Böhnchen – ein Tönchen«, so sagte man früher bei uns, wenn deftige Bohnengerichte auf den Tisch kamen. Wer Bohnen beim Kochen mit den entsprechenden, die Verdauung fördernden Gewürzen wie Kümmel, Fenchelsamen, Bohnenkraut, Koriander, Kreuzkümmel und Rosmarin anreichert, braucht keine Spätfolgen zu befürchten und sollte bei den schmackhaften wie gesunden Hülsenfrüchten kräftig zugreifen. Denn auch Bohnen sind ebenso wie Kichererbsen gute pflanzliche Kalziumquellen. Für alle Bohnenfreunde gilt somit: »Von jedem Böhnchen – ein Portiönchen«.

Die gerade in der tiermilchfreien und veganen Küche stark favorisierte Sojabohne macht ihrem gutem Ruf auch hinsichtlich der Kalziumversorgung alle Ehre. Sojabohnen enthalten von sich aus schon Kalzium. Werden sie unter Zuhilfenahme von Kalziumsulfat zu Tofu verarbeitet, wird die schon gute Kalziumbilanz noch einmal deutlich verbessert. Dadurch,

Pflanzliche Quellen für Kalzium und Vitamin B$_{12}$

dass den meisten Sojadrinks (und vielen Reisdrinks) inzwischen künstlich Kalzium beigemischt wird, stehen sie der Kuhmilch diesbezüglich in nichts mehr nach.

## Auf ausreichende Versorgung mit Vitamin B$_{12}$ achten

Eine gut geplante vegetarische Ernährung eignet sich für alle Lebensphasen und kann Jung und Alt gesundheitliche Vorteile bringen. Sofern man sich vollwertig vegetarisch ernährt und Milch, Milchprodukte sowie Eier in seinen Speiseplan integriert, sollten keine Defizite auftreten. Anders sieht es jedoch aus, wenn man auch Milch und Eier vom Speiseplan gestrichen hat. In diesem Fall riskiert man die mitunter schwerwiegenden Folgen eines Vitamin-B$_{12}$-Mangels.

Das wasserlösliche Vitamin B$_{12}$ wird von Mikroorganismen produziert und befindet sich ausschließlich in tierischen Lebensmitteln. Algen, Sauerkraut und fermentierte Sojaprodukte enthalten lediglich inaktive Formen dieses Vitamins und sind daher wirkungslos.

Die täglich vom Körper benötigte Menge an Vitamin B$_{12}$ scheint verschwindend gering. Ein Mangel kann jedoch zu gravierenden gesundheitlichen und mitunter irreparablen Folgen führen. Um die reibungslose Funktion des Nervensystems, die Zellteilung und die Bildung von roten Blutkörperchen sicherzustellen, wird eine tägliche Zufuhr von drei Mikrogramm empfohlen. Von dieser Menge wird allerdings nicht alles sofort verbraucht. Ein Teil davon wird in der Leber als »Notreserve« gespeichert und erst dann abgebaut, wenn die Zufuhr durch die Nahrung nicht ausreicht. Weil die Reservationen an Vitamin B$_{12}$ in der Regel über Jahre ausreichen, bleibt ein Mangel oft lange Zeit unbemerkt. Wenn es schließlich zu deutlichen Krankheitsanzeichen wie Abgeschlagenheit, Gedächtnisschwäche, Kribbeln oder Taubheitsgefühl in den Gliedmaßen kommt, ist es manchmal schon zu spät.

Um von vornherein einen Mangel zu vermeiden, sollten Sie bei veganer Lebensweise mit Vitamin B$_{12}$ angereicherte Nahrungsmittel wählen oder auf ein Nahrungsergänzungsmittel zurückgreifen. Bitte halten Sie mit Ihrem Arzt oder Ihrer Ärztin Rücksprache, um herauszufinden, welche Präparate für Sie nötig und welche Labortests zu empfehlen sind.

## Hinweise zu den Rezepten

So weit nicht anders angegeben, sind die Rezepte für **4 Personen** berechnet.

**Verwendete Abkürzungen:**

EL = Esslöffel (gestrichen)
TL = Teelöffel (gestrichen)
MSP = Messerspitze

**Vegane Zutaten**

In den Rezepten werden Zutaten wie Margarine, gekörnte Gemüsebrühe, Senf, Blätterteig, verschiedene Brot- und Gebäcksorten, Zwieback, Zartbitterschokolade oder -kuvertüre sowie getrocknete Kräutermischungen verwendet. Bitte beachten Sie, dass ausschließlich Produkte, die keinerlei tierische Bestandteile enthalten, gemeint sind. Im Zweifelsfall werfen Sie bitte einen kritischen Blick auf die Zutatenliste oder fragen Sie den Hersteller.

**Menge der Gewürze**

Die Angaben zur Menge der verwendeten Gewürze und Zwiebeln sind Durchschnittswerte. Prüfen Sie bitte im Einzelfall, was Ihnen schmeckt und bekommt und wie viel Sie verwenden möchten. Ich empfehle in den Rezepten Meersalz. Selbstverständlich steht es Ihnen frei, anderes Speisesalz zu verwenden. Bitte dosieren Sie in diesem Fall vorsichtig und würzen lieber nach.

**Verwendung von Alkohol zum Kochen**

In einigen Rezepten wird Wein, Cidre, Bier, Cognac, Likör oder Rum zum Würzen verwendet. So weit möglich habe ich versucht, in diesen Fällen alkoholfreie Alternativen anzubieten.

**Zu den Backtemperaturen**

Alle Temperaturen für Backöfen gelten, sofern nicht anders angegeben, für Elektroöfen mit Umluftfunktion. Bei Gasbacköfen oder Elektroöfen ohne Umluft bitte die Angaben des Herstellers beachten und die entsprechende Temperatur aus der Bedienungsanleitung entnehmen.

Bei Angabe der Garzeiten wird, sofern im Rezept nicht ausdrücklich anders erwähnt, von einem vorgeheizten Backofen ausgegangen.

# Milchfreie Käsezubereitungen

## Liptauer Streichkäse

*250 g gekochte weiße Bohnen*
*70 ml Soja- oder Hafersahne*
*½ Bund Schnittlauch*
*½ kleine Zwiebel*
*1 EL eingelegte Kapern*
*2 Gewürzgurken*
*1 TL scharfer Senf*
*½ TL mildes Paprikapulver*
*1 – 2 Spritzer Zitronensaft*
*Meersalz*
*frisch gemahlener schwarzer Pfeffer*

- Die Bohnen zusammen mit der Sojasahne in ein hochwandiges Rührgefäß geben und mit dem Pürierstab zu einer glatten Creme verarbeiten.
- Den Schnittlauch kurz abbrausen, trockentupfen und in feine Röllchen schneiden.
- Die Zwiebel schälen und fein hacken, die Kapern fein hacken, die Gurken fein würfeln.
- Den Schnittlauch, die Zwiebel, Kapern und Gewürzgurken unterrühren.
- Den Liptauer Streichkäse mit dem Senf, Paprikapulver und Zitronensaft würzen und mit Salz und Pfeffer abschmecken.

Zum Servieren mit etwas Paprikapulver und Kümmel überstreuen. Dazu Schwarzbrot, Tomatenspalten, Zwiebelringe und Gewürzgurken reichen.

## Käsespieße

*für etwa vierundzwanzig Spieße*

*400 g Tofu (natur)*
*1 Zwiebel*
*3 – 4 Knoblauchzehen*
*2 Lorbeerblätter*
*2 getrocknete Chilischoten*
*3 EL Sojasauce*
*1 EL gekörnte Gemüsebrühe*
*Saft einer halben Zitrone*
*2 TL gemahlene Kurkuma*
*800 ml kochend heißes Wasser*

**Für die Marinade:**
*2 EL Shiro Miso*
*2 EL Hefeflocken*
*1 EL milder Senf*
*1 EL Rapsöl*
*1 TL weiße Balsamicocreme*
*½ TL gemahlene Kurkuma*
*6 EL heißes Wasser*

**Für die Spieße:**
*6 Mandarinenspalten*
*6 Datteltomaten*
*6 grüne entkernte Oliven*
*6 schwarze entkernte Oliven*

# Milchfreie Käsezubereitungen

- Den Tofu kurz abbrausen, in Küchenkrepp einschlagen und vorsichtig das überschüssige Wasser auspressen. Danach in etwa zwei Zentimeter große Würfel schneiden.
- Die Zwiebel schälen und in Halbmonde schneiden, den Knoblauch schälen und vierteln und zusammen mit dem Tofu in einen mittelgroßen Topf geben.
- Die Lorbeerblätter, Chilischoten, die Sojasauce, gekörnte Gemüsebrühe, den Zitronensaft und die Kurkuma hinzufügen.
- Mit dem kochend heißen Wassern übergießen und zum Kochen bringen.
- Einmal kurz aufwallen lassen, dann die Temperatur reduzieren und etwa zehn Minuten köcheln lassen. Den Tofu im Sud abkühlen lassen.
- Für die **Marinade** alle Zutaten zu einer glatten Creme verrühren.
- Die Tofuwürfel aus dem Sud nehmen und hinzufügen, so lange vorsichtig untermischen, bis alle Tofuwürfel von der Marinade überzogen sind.
- Die Tofuwürfel mindestens vierundzwanzig Stunden im Kühlschrank ziehen lassen.
- Dann vorsichtig die Marinade mit Küchenkrepp abtupfen.
- Die Mandarinenspalten, Datteltomaten und Oliven auf Zahnstocher spießen.
- Die Zahnstocher in die Tofuwürfel spießen und servieren.

---

Dekorieren Sie die Käsespieße nach Lust und Gelegenheit. Wenn Sie beispielsweise keine Mandarinenspalten im Haus haben, nehmen Sie Ananasstücke. Oder Sie verwenden nur Oliven. Oder Cornichons, in Streifen geschnittene Paprika, kleine Champignons oder eingelegte Silberzwiebeln. Erlaubt ist, was schmeckt.

## Grillkäsecreme

3 EL Kichererbsenmehl
3 EL Weizenmehl (Type 1050)
20 g Hefeflocken
1 TL mildes Paprikapulver
½ TL gemahlene Kurkuma
300 ml Wasser
½ kleine Zwiebel
1 Knoblauchzehe
2 EL weißes Tahin
1 EL Tomatenmark
2 EL Rapsöl (nach Wahl)
1 TL Apfelessig
Meersalz

- Die trockenen Zutaten in einem hochwandigen Rührgefäß miteinander vermischen.
- 150 Milliliter Wasser hinzufügen und mit dem Pürierstab verquirlen.
- Die Zwiebel und die Knoblauchzehe schälen und grob würfeln. Ebenfalls in das Rührgefäß geben und pürieren, dabei nach und nach das restliche Wasser dazugießen.
- Das Tahin, Tomatenmark, Rapsöl und den Apfelessig hinzufügen und ein letztes Mal gründlich pürieren.
- Mit Salz abschmecken.
- Die Creme in einen kleinen Topf umfüllen und unter ständigem Rühren zum Kochen bringen.
- Die Creme etwa zwei Minuten kochen, bis sie eindickt, dann vom Herd nehmen.

Noch heiß als Füllung für Sandwiches oder zum Überbacken verwenden.
Abgekühlt als Brotaufstrich verwenden oder unter heiße Pasta oder Reis mischen.

# Milchfreie Käsezubereitungen

## *Käsebällchen*

*für achtundzwanzig Bällchen*

*100 g Sonnenblumenkerne*
*200 g Tofu (natur)*
*½ kleine Zwiebel*
*1 Knoblauchzehe*
*50 ml Soja- oder Hafersahne*
*2 EL Zitronensaft*
*2 EL milder Senf*
*1 EL Tahin*
*1 EL scharfes Ajvar*
*30 g Semmelbrösel*
*20 g Hefeflocken*
*1 TL Johannisbrotkernmehl*
*Meersalz*

- Die Sonnenblumenkerne in reichlich kaltem Wasser über Nacht quellen lassen. Dann in einen Durchschlag geben und abtropfen lassen.
- Den Tofu kurz abbrausen, in Küchenkrepp einschlagen und vorsichtig das überschüssige Wasser auspressen. Danach grob würfeln und zusammen mit den Sonnenblumenkernen in den Mixbehälter der Küchenmaschine geben. Beides zusammen gründlich pürieren.
- Die Zwiebel schälen und grob würfeln, den Knoblauch schälen und vierteln.
- Die Zwiebel und den Knoblauch zusammen mit der Sojasahne, dem Zitronensaft, dem Senf, dem Tahin und Ajvar ebenfalls in den Mixbehälter der Küchenmaschine geben und alles zu einer glatten Creme pürieren.
- Semmelbrösel, Hefeflocken und Johannisbrotkernmehl unterrühren.
- Die Masse herzhaft mit Salz abschmecken.
- Jeweils einen gut gehäuften Esslöffel von der Masse abtrennen und mit den Fingern zu Bällchen ausformen.

 Nach Belieben noch in Paprika- oder Currypulver, Sesam oder gehackten Kräutern wälzen.

## Käsige Avocadocreme

*2 reife Avocados*
*3 – 4 EL Zitronensaft*
*6 EL Hefeflocken*
*2 EL Kichererbsenmehl*
*2 EL Soja- oder Hafersahne*
*Meersalz*
*rote Chilisauce*

- Die Avocados halbieren, die Kerne entfernen und das Fruchtfleisch auslöffeln.
- Das Fruchtfleisch mit einer Gabel zermusen, dann den Zitronensaft, die Hefeflocken, das Kichererbsenmehl und die Sojasahne unterrühren.
- Mit Salz und ein paar Spritzern roter Chilisauce abschmecken.

 Die Avocadocreme schmeckt kalt, kann aber auch als Füllung von Sandwiches oder Brötchen im Grill oder Backofen erwärmt werden. Avocados jedoch nie kochen, da sie beim Kochen schnell bitter werden.
Wie alle Gerichte mit Avocado sollte die Creme schnell verbraucht werden.

# Milchfreie Käsezubereitungen

## Kartoffel-Käse-Creme auf bayerische Art

3 mittelgroße Kartoffeln (etwa 400 g)
Meersalz
1 kleine Frühlingszwiebel
100 ml Soja- oder Reisdrink
2 EL Rapsöl (nach Wahl)
2 EL Hefeflocken
1 EL milder Senf
1 TL scharfer Senf
50 ml Soja- oder Hafersahne
1 TL Weißweinessig
2 MSP Kümmel
½ TL gemahlene Kurkuma
2 EL fein gehackter Schnittlauch
frisch gemahlener schwarzer Pfeffer

- Die Kartoffeln in reichlich Salzwasser als Pellkartoffeln kochen (am besten am Vortag). Danach komplett auskühlen lassen, pellen und grob würfeln.
- Die Frühlingszwiebel in feine Scheiben schneiden.
- Die Kartoffelwürfel mit dem Sojadrink übergießen und anschließend mit einer Gabel zermusen.
- Danach die klein geschnittene Frühlingszwiebel, das Rapsöl, die Hefeflocken, den Senf, die Sojasahne und den Weißweinessig unterrühren.
- Die Creme mit dem Kümmel, der Kurkuma und dem Schnittlauch würzen und herzhaft mit Salz und Pfeffer abschmecken.

 Wenn zur Kartoffel-Käse-Creme Laugenbrezeln oder -brötchen, in Scheiben geschnittener Rettich und (alkoholfreies) Weißbier serviert werden, ist die milchfreie bayerische Brotzeit perfekt!

## Mandelparmesan

*100 g Mandeln*
*25 g Hefeflocken*
*15 g Semmelbrösel*
*1 TL Meersalz*
*2 MSP weißer Pfeffer*

- Die Mandeln mit kochend heißem Wasser übergießen und etwa fünfzehn Minuten quellen lassen.
- Danach abgießen, die Häutchen entfernen und die Mandeln in der trockenen Pfanne anrösten. Dabei das Rühren nicht vergessen, weil Mandeln schnell anbräunen.
- Die Mandeln etwas abkühlen lassen, dann im Mixbehälter der Küchenmaschine staubfein zerkleinern.
- Die anderen Zutaten hinzufügen und nochmals gründlich zerkleinern.
- In einem verschließbaren Gefäß im Kühlschrank ist der Mandelparmesan mindestens zwei Wochen haltbar.

 Der Mandelparmesan verfeinert klassische Pasta- und Risottogerichte und dient zum Überstreuen von Aufläufen oder Pizza.

# Milchfreie Käsezubereitungen

## Sesamparmesan

*100 g geschälte Sesamsamen*
*30 g Hefeflocken*
*30 g Semmelbrösel*
*2 EL Shiro Miso*
*1 – 2 MSP weißer Pfeffer*

- Alle Zutaten in den Mixbehälter der Küchenmaschine geben und staubfein zerkleinern.
- Der Sesamparmesan ist in einem verschließbaren Gefäß im Kühlschrank mindestens zwei Wochen haltbar.

 Sesamparmesan ist etwas milder als Mandel- oder Walnussparmesan und verfeinert Risottogerichte oder Aufläufe, bei denen zwar ein Parmesanersatz, aber keine dominante Käsenote gefragt ist.

## Walnussparmesan

*100 g Walnusskerne*
*20 g Hefeflocken*
*10 g Semmelbrösel*
*1 EL Shiro Miso*

- Die Walnüsse in der trockenen Pfanne anrösten.
- Danach etwas abkühlen lassen und im Mixbehälter der Küchenmaschine staubfein zerkleinern.
- Die Hefeflocken, Semmelbrösel und das Shiro Miso dazugeben und so lange zerkleinern, bis keine Klümpchen mehr vorhanden sind.
- Der Walnussparmesan ist in einem verschließbaren Gefäß im Kühlschrank mindestens zwei Wochen haltbar.
- Wenn Sie den Parmesan in einen Behälter mit aufklappbarem Deckel oder einen Zuckerstreuer mit weiter Tülle füllen, kann sich jeder bei Tisch nach eigenem Geschmack bedienen.

Walnussparmesan schmeckt etwas würziger als Mandelparmesan und kommt vor allem zur Verfeinerung von herzhaften Herbst- oder Wintergerichten zum Einsatz. Salatzubereitungen mit Feldsalat, Chicorée, Kürbis oder Rote Bete schmecken durch Walnussparmesan kerniger.

Milchfreie Käsezubereitungen

## Goldgelber Basilikum-Schnittkäse

*für etwa 600 Gramm Käse*

*100 g Paranusskerne*
*100 g Hirseflocken*
*2 EL Zitronensaft*
*2 EL milder Senf*
*2 EL weißes Tahin*
*1 EL Tomatenmark*
*1 TL Meersalz*
*1 geschälte und grob gewürfelte Knoblauchzehe*
*100 ml Soja- oder Reisdrink*
*300 ml Wasser*
*1 Beutel (10 g) Agar-Agar*
*   oder 2 TL Agar-Agar-Pulver*
*4 Stängel Basilikum*
*Olivenöl für die Form*

- Die Paranusskerne in der Küchenmaschine staubfein zerkleinern.
- Alle anderen Zutaten bis auf das Wasser, Agar-Agar, die Basilikumblättchen und das Öl für die Form hinzufügen und gründlich pürieren.
- Das Wasser in einem kleinen Topf zum Kochen bringen. Das Agar-Agar einrieseln lassen und unter ständigem Rühren mindestens zwei Minuten sprudelnd kochen. Dann zu den anderen Zutaten in den Mixbehälter geben und alles ein weiteres Mal sehr gründlich pürieren.
- Die Basilikumblättchen hinzufügen und nochmals kurz pürieren, sodass die Blättchen zerkleinert werden.
- Die Käsemasse in einen gut eingefetteten Kunststoffbehälter geben und über Nacht im Kühlschrank komplett durchkühlen lassen.
- Den Rand mit einem Messer lösen, Käse auf einen Teller stürzen.

 Der Basilikum-Schnittkäse kann auch zum Überbacken verwendet werden. Er bräunt befriedigend an, schmilzt allerdings kaum.

## Kokosrahm-Weichkäse

*für etwa 640 Gramm Käse*

*100 g geröstete und gesalzene Macadamiakerne*
*150 g Tofu (natur)*
*½ kleine Zwiebel*
*Saft einer halben Zitrone*
*2 EL weißes Tahin*
*1 EL Shiro Miso*
*1 – 2 TL Meersalz*
*2 MSP weißer Pfeffer*
*400 ml Kokosmilch*
*1 ½ Beutel (à 10 g) Agar-Agar*
*oder 3 TL Agar-Agar-Pulver*
*Sonnenblumenöl für die Form*

- Die Macadamiakerne im Mixbehälter der Küchenmaschine staubfein zerkleinern.
- Den Tofu kurz abbrausen, in Küchenkrepp einschlagen und vorsichtig das überschüssige Wasser auspressen. Danach den Tofu würfeln und zusammen mit der geschälten und grob zerkleinerten Zwiebel ebenfalls in den Mixbehälter geben.
- Den Zitronensaft, das Tahin und Miso sowie Salz und Pfeffer hinzufügen und das Ganze zu einer glatten Creme pürieren.
- Die Kokosmilch zum Kochen bringen und das Agar-Agar einrieseln lassen. Unter ständigem Rühren mindestens zwei Minuten sprudelnd kochen.
- Dann die Kokosmilch ganz kurz abkühlen lassen, in den Mixbehälter gießen und alles nochmals gründlich pürieren (nur ein bis zwei Minuten abkühlen lassen, da das Agar-Agar schnell geliert).
- Die Masse in einen gut eingefetteten Kunststoffbehälter geben und über Nacht im Kühlschrank komplett durchkühlen lassen.
- Vorsichtig den Rand mit einem scharfen Messer lösen und den Käse auf einen Teller stürzen.

# Milchfreie Käsezubereitungen

Dieser sahnige, aber dennoch schnittfeste Weichkäse erinnert an mild gereiften französischen Weichkäse. Er macht sich gut als Brotbelag, schmilzt aber auch wunderbar beim Überbacken. In Kombination mit süßen Früchten wie vollreifen Birnen, Trauben oder Feigen und geröstetem Weißbrot, aber auch Pumpernickel, kommt sein Aroma besonders gut zur Geltung. Das Einzige, was man ihm anlasten kann, ist sein relativ hoher Fettgehalt. Da es sich aber um rein pflanzliche Fette handelt, bleibt diese kleine »Sünde« jedoch ohne Reue.

Verwandeln Sie den Kokosrahm-Weichkäse im Handumdrehen zu einer eleganten Vorspeise, indem Sie 100 Gramm grob gehackte Walnusskerne in zwei Esslöffel zerlassener Margarine schwenken. Geben Sie zwei Esslöffel Ahornsirup, eine Prise Zimt sowie gemahlene Muskatnuss und etwas weißen Pfeffer hinzu und verteilen Sie die Nussmasse auf dem Kokosrahm-Weichkäse.

## Kräuterbouquet-Schnittkäse

*für etwa 650 Gramm Käse*

*1 kleine Karotte (etwa 60 g)*
*100 g Paranusskerne*
*80 g Hirseflocken*
*20 g Hefeflocken*
*2 EL weißes Tahin*
*2 EL Zitronensaft*
*2 EL Rapsöl (nach Wahl)*
*1 EL scharfer Senf*
*1 EL milder Senf*
*1 EL weiße Balsamicocreme*
*350 ml Soja- oder Reisdrink*
*1 TL gemahlene Kurkuma*
*1 – 1 ½ TL Meersalz*
*2 – 3 MSP weißer Pfeffer*
*1 ½ Beutel (à 10 g) Agar-Agar*
  *oder 3 TL Agar-Agar-Pulver*
*6 EL gemischte fein gehackte Gartenkräuter nach Wahl*
  *(zum Beispiel Petersilie, Dill, Sauerampfer, Kresse, Kerbel, Schnittlauch,*
  *Borretsch, Pimpinelle)*
*Rapsöl für die Form*

- Die Karotte schälen, in Scheiben schneiden und in etwas Wasser oder Gemüsebrühe sehr weich kochen. Danach das Wasser oder die Brühe abgießen.
- Die Paranusskerne im Mixbehälter der Küchenmaschine staubfein zerkleinern.
- Die Karottenscheiben, Hirse- und Hefeflocken, das Tahin, den Zitronensaft, das Rapsöl, den Senf und die Balsamicocreme ebenfalls in den Mixbehälter geben.
- 50 Milliliter des Sojadrinks hinzufügen und alles gründlich pürieren.
- Die Kurkuma, Salz und Pfeffer dazugeben und nochmals pürieren.

# Milchfreie Käsezubereitungen

- Die verbliebenen 300 Milliliter Sojadrink in einem kleinen Topf zum Kochen bringen und das Agar-Agar einrieseln lassen.
- Unter ständigem Rühren (Achtung: Sojadrink kocht leicht über!) mindestens zwei Minuten sprudelnd kochen.
- Dann den Sojadrink in den Mixbehälter der Küchenmaschine geben und ein letztes Mal gründlich pürieren.
- Die Kräuter unterrühren.
- Die Masse in einen gut eingefetteten Kunststoffbehälter geben und über Nacht im Kühlschrank komplett durchkühlen lassen.
- Dann vorsichtig den Rand mit einem scharfen Messer lösen und den Käse auf einen Teller stürzen.

## Milder Streichkäse mit Walnüssen

250 g gekochte weiße Bohnen
100 ml Soja- oder Reisdrink
2 EL Shiro Miso
1 EL Apfelessig
1 EL Rapsöl (nach Wahl)
1 EL Walnussöl
1 TL Johannisbrotkernmehl
60 g Walnusskerne
Meersalz

- Die Bohnen mit dem Sojadrink übergießen und mit dem Pürierstab fein pürieren.
- Das Shiro Miso, den Apfelessig, das Öl und das Johannisbrotkernmehl dazugeben und nochmals pürieren.
- Die Walnusskerne fein hacken und unterziehen.
- Falls gewünscht, den Streichkäse mit etwas Salz abschmecken.

Der Streichkäse schmeckt besonders lecker auf Pumpernickel oder Nussbrot. Süße Früchte wie Weintrauben, Birnen, Äpfel oder Feigen sind zusammen mit einer Prise weißem Pfeffer ideale kulinarische Begleiter.

## Milchfreie Käsezubereitungen

### *Mildwürziger Kichererbsen-Weichkäse*

*für etwa 450 Gramm Käse*

½ Zwiebel
1 Knoblauchzehe
250 g gekochte Kichererbsen
120 g geröstete und eingelegte rote Paprika (aus dem Glas)
100 ml kräftige Gemüsebrühe
4 EL Hefeflocken
4 EL Kichererbsenmehl
3 TL Johannisbrotkernmehl
1 EL scharfes Ajvar
1 EL Zitronensaft
1 EL milder Senf
Meersalz
Sonnenblumenöl für die Form

- Die Zwiebel und die Knoblauchzehe schälen und grob würfeln und zusammen mit den Kichererbsen und der abgetropften Paprika in ein hochwandiges Rührgefäß geben.
- Mit der Gemüsebrühe übergießen und so lange mit dem Pürierstab pürieren, bis keine Klümpchen mehr vorhanden sind.
- Die Hefeflocken, das Kichererbsenmehl und Johannisbrotkernmehl sowie das Ajvar, den Zitronensaft und den Senf dazugeben und nochmals gründlich pürieren.
- Mit Salz abschmecken und die Käsezubereitung in einen gut eingefetteten Kunststoffbehälter geben.
- Die Käsezubereitung über Nacht im Kühlschrank durchkühlen lassen. Dann vorsichtig den Rand mit einem scharfen Messer lösen und auf einen Teller stürzen.

Diese Käsezubereitung erinnert an französischen Mimolette oder englischen Cheddar und kann ähnlich für Sandwiches oder auch zum Überbacken verwendet werden.

## Nussig körniger Tofufrischkäse

*150 g Tofu (natur)*
*1 geschälte und geviertelte Knoblauchzehe*
*Saft einer halben kleinen Zitrone*
*2 EL weißes Tahin*
*3 EL blanchierte und gemahlene Mandeln*
*2 EL geschälte Sesamsamen*
*2 EL Rapsöl*
*2 EL Sonnenblumenöl (nach Wahl)*
*8 EL Wasser*
*2 – 3 Spritzer Worcestersauce*
*Meersalz*
*frisch gemahlene Chiliflocken*

- Den Tofu kurz abbrausen, in Küchenkrepp einschlagen und vorsichtig das überschüssige Wasser auspressen. Danach den Tofu grob würfeln.
- Den Tofu zusammen mit den anderen Zutaten – außer dem Salz und den Chiliflocken – im Mixbehälter der Küchenmaschine fein pürieren.
- Danach den Tofufrischkäse herzhaft mit Salz und Chiliflocken abschmecken.

Der nussig körnige Tofufrischkäse macht sich gut als Brotbelag oder zu Pellkartoffeln. Mit etwas Wasser oder Soja- beziehungsweise Reisdrink gestreckt, kann er auch als Salatdressing verwendet werden.

Milchfreie Käsezubereitungen 57

### Rotwein-Streichkäse

*250 g gekochte Borlotti- oder Wachtelbohnen*
*50 ml trockener Rotwein*
    *ersatzweise alkoholfreier Rotwein*
*1 EL Genmai Miso*
*1 EL Tahin*
*1 TL getrockneter Rosmarin*
*1 TL Sherry-Essig*
*½ TL Johannisbrotkernmehl*
*Meersalz*
*frisch gemahlener weißer Pfeffer*

- Die Borlotti- oder Wachtelbohnen und den Rotwein in ein hochwandiges Rührgefäß geben und mit dem Pürierstab pürieren.
- Die übrigen Zutaten – bis auf Salz und Pfeffer – hinzufügen und nochmals pürieren, bis eine glatte Creme entstanden ist.
- Die Creme mit Salz und Pfeffer abschmecken.

 Dieser würzige Streichkäse mit deutlichem Reifearoma ist ein schmackhafter Begleiter zu den hausgemachten Knoblauch-Käse-Keksen (Rezept s. S. 174) in Kombination mit roten Trauben und einem Gläschen Portwein.

## Schnittkäse nach Butterkäse-Art

*für etwa 800 Gramm Käse*

*150 g Paranusskerne*
*150 g Tofu (natur)*
*1 Knoblauchzehe*
*Saft einer halben Zitrone*
*3 EL Hefeflocken*
*2 EL milder Senf*
*2 EL weißes Tahin*
*2 EL Rapsöl (nach Wahl)*
*2 TL gemahlene Kurkuma*
*1 – 1 ½ TL Meersalz*
*400 ml Soja- oder Reisdrink*
*2 Beutel (à 10 g) Agar-Agar*
*oder 4 TL Agar-Agar-Pulver*
*Rapsöl für die Form*

- Die Paranusskerne im Mixbehälter der Küchenmaschine staubfein zerkleinern.
- Den Tofu kurz abbrausen, in Küchenkrepp einschlagen und vorsichtig das überschüssige Wasser auspressen. Danach den Tofu grob würfeln und in den Mixbehälter der Küchenmaschine geben.
- Die Knoblauchzehe schälen sowie vierteln und zusammen mit Zitronensaft, Hefeflocken, Senf, Tahin, Rapsöl, Kurkuma und Salz in den Mixbehälter geben. Das Ganze zu einer feinen Creme pürieren.
- Den Sojadrink unter ständigem Rühren (Achtung: Sojadrink kocht leicht über!) zum Kochen bringen und das Agar-Agar einrieseln lassen.
- Unter weiterem ständigen Rühren mindestens zwei Minuten sprudelnd kochen, dann zu den anderen Zutaten in den Mixbehälter geben und nochmals gründlich pürieren.
- Die Käsemasse in einen gut eingefetteten Kunststoffbehälter geben und über Nacht im Kühlschrank durchkühlen lassen.
- Zum Servieren den Rand vorsichtig mit einem scharfen Messer lösen und den Schnittkäse auf einen Teller stürzen.

# Milchfreie Käsezubereitungen

## Streichkäse nach Westernart

*für vier bis sechs Personen*

4 EL Sonnenblumenkerne
3 mild eingelegte grüne Peperoni
250 g gekochte Kidneybohnen
100 ml kalte Gemüsebrühe
3 EL Hefeflocken
2 EL Ketchup
2 EL Tahin
1 EL Balsamico-Essig
1 ½ TL Johannisbrotkernmehl
1 getrocknete rote Chilischote
Meersalz

- Die Sonnenblumenkerne in der trockenen Pfanne kurz anrösten. Danach abkühlen lassen.
- Die Peperoni fein hacken.
- Die übrigen Zutaten – bis auf das Salz – in den Mixbehälter der Küchenmaschine geben und zu einer sämigen Creme pürieren.
- Die Sonnenblumenkerne und die Peperoni unterrühren und den Streichkäse mit Salz abschmecken.

 Dieser herzhafte Streichkäse schmeckt gut zu Brot oder auch als Beilage zu Grill- oder Backofenkartoffeln.

## Tofuwürfel nach Feta-Art

*400 g Tofu (natur)*
*Saft einer halben Zitrone*
*2 TL Meersalz*
*1 – 2 geschälte und geviertelte Knoblauchzehen*
*750 ml Wasser*
*40 – 50 ml Sonnenblumenöl*
*3 EL Shiro Miso*
*2 EL Weißweinessig*
*½ TL Meersalz*
*½ TL gemahlene Kurkuma*

- Den Tofu kurz abbrausen, in Küchenkrepp einschlagen und vorsichtig das überschüssige Wasser auspressen.
- Danach den Tofu in etwa zwei Zentimeter große Würfel schneiden und zusammen mit dem Zitronensaft, dem Salz, den Knoblauchzehen und dem Wasser in einen Topf geben.
- Das Ganze zum Kochen bringen, dann die Temperatur etwas reduzieren und etwa sechs Minuten köcheln lassen.
- In der Zwischenzeit das Sonnenblumenöl mit dem Miso, Weißweinessig, Salz und der Kurkuma zu einer Marinade verrühren.
- Den Tofu in einen Durchschlag geben und abtropfen lassen.
- Den noch heißen Tofu mit der Marinade vermengen.
- Die Tofuwürfel nach Feta-Art in einem verschließbaren Gefäß im Kühlschrank mindestens drei Tage marinieren lassen. Dabei gelegentlich umrühren.
- Danach aus der Marinade nehmen und wie normalen Feta als Zugabe zu Salaten, Aufläufen und Nudelgerichten sowie zum Überbacken von Pizza oder Lasagne verwenden.
- Je länger die Tofuwürfel in der Marinade verbleiben, desto intensiver schmecken sie.
- Im Kühlschrank halten sich die Tofuwürfel etwa zwei Wochen.

# Milchfreie Käsezubereitungen

Die Grundversion der Marinade lässt sich nach Belieben verändern.

Für **Tofuwürfel nach mexikanischer Art** fügen Sie hinzu:

*1 – 2 halbierte und entkernte Chilischoten*
*1 rote Zwiebel in feinen Halbmonden*
*1 TL mildes Paprikapulver*
*3 MSP gemahlener Koriander*
*3 MSP gemahlener Kreuzkümmel*
*1 MSP gemahlener Zimt*

Für **Tofuwürfel nach indischer Art** fügen Sie hinzu:

*1 EL fein gehackter Ingwer*
*2 TL mildes Currypulver*
*1 TL Senfsamen*
*½ TL gemahlene Kurkuma*
*3 MSP gemahlener Koriander*

Für **Tofuwürfel nach französischer Art** fügen Sie hinzu:

*3 durchgepresste Knoblauchzehen*
*1 fein gehackte Schalotte*
*3 TL getrocknete Kräuter der Provence*
*Ersetzen Sie das Sonnenblumenöl durch Olivenöl.*

Für **Tofuwürfel nach italienischer Art** fügen Sie hinzu:

*2 durchgepresste Knoblauchzehen*
*1 fein gehackte kleine Zwiebel*
*2 TL getrocknetes Basilikum*
*1 TL getrockneter Oregano*
*1 TL getrockneter Majoran*
*1 TL getrockneter Thymian*
*Ersetzen Sie den Weißweinessig durch weißen Balsamico-Essig und das Sonnenblumenöl durch Olivenöl.*

## Tofufrischkäse auf französische Art

*60 g Paranusskerne*
*200 g Tofu (natur)*
*100 ml Soja- oder Reisdrink*
*2 Knoblauchzehen*
*12 Basilikumblättchen*
*1 EL Weißweinessig*
*½ TL Roh-Rohrzucker*
*2 TL getrocknete Kräuter der Provence*
*Meersalz*
*frisch gemahlener schwarzer Pfeffer*

- Die Paranusskerne im Mixbehälter der Küchenmaschine staubfein zerkleinern.
- Den Tofu kurz abbrausen, in Küchenkrepp einschlagen und vorsichtig das überschüssige Wasser auspressen. Danach den Tofu grob würfeln und zusammen mit dem Sojadrink in den Mixbehälter geben. Gründlich pürieren.
- Die Knoblauchzehen schälen, halbieren und die grünen Keime entfernen. Dann zusammen mit dem Basilikum, dem Weißweinessig und dem Zucker ebenfalls in den Mixbehälter geben und alles zu einer glatten Creme pürieren.
- Die Kräuter der Provence unterrühren und den Tofufrischkäse mit Salz und Pfeffer abschmecken.

Der Tofufrischkäse kann kalt als Brotaufstrich oder Dip genossen werden. Warm verfeinert er mediterrane Pastagerichte oder Gemüsetartes. Beim Überbacken bräunt er mäßig.

## Tomaten-Käse-Creme

*8 getrocknete Tomaten*
*100 g streichfähige Margarine*
*3 – 4 EL Hefeflocken*
*3 EL heißes Wasser*
*1 EL Shiro Miso*
*Meersalz*
*frisch gemahlener schwarzer Pfeffer*

- Die getrockneten Tomaten mit kochend heißem Wasser übergießen und etwa eine Viertelstunde ziehen lassen.
- Dann gut abtropfen lassen und sehr fein würfeln.
- Die Tomaten mit der Margarine, den Hefeflocken, dem heißen Wasser und dem Miso verrühren.
- Die Tomatencreme mit Salz und Pfeffer abschmecken.

 Tomatencreme eignet sich als Aufstrich für alle herzhaften Brot- oder Brötchensorten. Der Tomatengeschmack kommt allerdings besonders zur Geltung, wenn man sie auf heißem Toast oder gerösteten Brotscheiben serviert.

## Weichkäse mit Paprika und Cashew

*für vier bis sechs Personen*

*80 g geröstete und gesalzene Cashewkerne*
*2 Knoblauchzehen*
*1 Schalotte*
*200 g geröstete und eingelegte rote Paprika (aus dem Glas)*
*1 EL mittelscharfer Senf*
*50 g zarte Haferflocken*
*3 EL Hefeflocken*
*2 TL getrockneter Oregano*
*3 TL Johannisbrotkernmehl*
*1 EL Balsamico-Essig*
*4 EL Tomatenmark*
*2 EL Olivenöl (nach Wahl)*
*350 ml Wasser*
*Meersalz*
*frisch gemahlene Chiliflocken*

- Die Cashewkerne in der Küchenmaschine staubfein zerkleinern.
- Knoblauchzehen schälen, halbieren und die grünen Keime entfernen. Mit der geschälten und grob gewürfelten Schalotte ebenfalls in den Mixbehälter der Küchenmaschine geben.
- Die Paprikaschoten, den Senf, die Hafer- und Hefeflocken, den Oregano und das Johannisbrotkernmehl hinzufügen.
- Essig, Tomatenmark, Öl und die Hälfte des Wassers dazugeben und pürieren. Den Rest des Wassers dazugießen und nochmals pürieren, bis eine feine Creme entstanden ist.
- Die Creme mit Salz und Chili abschmecken und in einen kleinen Topf umfüllen.
- Die Creme unter ständigem Rühren zum Kochen bringen und so lange kochen, bis sie anfängt, Blasen zu werfen und eindickt.
- Den Weichkäse noch heiß zum Überbacken und zu Reis- oder Pastagerichten verwenden. Kalt schmeckt er als Brotaufstrich.

# Weichkäse nach Mozzarella-Art

*für knapp 600 Gramm Käse*

*20 g Instanthaferflocken (Vollkorn)*
*20 g Hefeflocken*
*4 TL Johannisbrotkernmehl*
*3 EL Zitronensaft*
*2 EL weißes Tahin*
*2 EL Sonnenblumenöl*
*500 ml Soja- oder Reisdrink*
*Meersalz*
*Sonnenblumenöl für die Form*

- Die Instanthafer- und Hefeflocken sowie das Johannisbrotkernmehl miteinander vermischen.
- Zusammen mit dem Zitronensaft, Tahin und Sonnenblumenöl in den Mixbehälter der Küchenmaschine geben und gründlich pürieren.
- Dabei nach und nach den Sojadrink hinzugeben. So lange pürieren, bis die Masse cremig ist.
- Creme mit Salz abschmecken und in einen kleinen Topf umfüllen.
- Unter ständigem Rühren zum Kochen bringen und so lange kochen, bis die Masse anfängt, Blasen zu werfen und eindickt.
- Den Weichkäse in einen gut eingefetteten Kunststoffbehälter geben und über Nacht im Kühlschrank durchkühlen lassen.
- Zum Servieren den Rand vorsichtig mit einem scharfen Messer lösen und den Käse auf einen Teller stürzen.

Servieren Sie den gut durchgekühlten Weichkäse mit Tomaten und Basilikum sowie einem Schuss Olivenöl.
Warm, das heißt direkt aus dem Topf geschöpft, eignet sich der Weichkäse nach Mozzarella-Art zum Überbacken von Pizza oder Ofengerichten. Dabei schmilzt er leicht und bräunt ein wenig an.

## Dressings, Pestos und Saucen

### *Avocado-Sauerrahm*

*für sechs Personen*

*200 g Tofu (natur)*
*1 kleine Tomate*
*1 reife Avocado*
*2 EL Zitronensaft*
*1 TL Roh-Rohrzucker*
*Meersalz*

- Den Tofu kurz abbrausen, in Küchenkrepp einschlagen und vorsichtig das überschüssige Wasser auspressen. Danach den Tofu grob würfeln und zusammen mit der ebenfalls grob gewürfelten Tomate im Mixbehälter der Küchenmaschine pürieren.
- Die Avocado halbieren, den Kern entfernen und das Fruchtfleisch auslöffeln.
- Das Fruchtfleisch zusammen mit dem Zitronensaft und Zucker ebenfalls in den Mixbehälter der Küchenmaschine geben und alles zu einer glatten Creme pürieren.
- Den Avocado-Sauerrahm mit etwas Salz abschmecken.

Der Avocado-Sauerrahm kann wie normaler Sauerrahm zur Verfeinerung von Suppen und Salaten verwendet werden. Er eignet sich aber auch als sahnige Beigabe zu Ofenkartoffeln, zu gegartem Gemüse oder als Dip. Mit etwas gehacktem Koriander oder gehackter glatter Petersilie und grüner Chilisauce gewürzt, macht er sich gut als Füllung für Tortillas oder herzhafte Pfannkuchen. Wie alle Gerichte mit Avocado sollte er schnell verbraucht werden.

Dressings, Pestos und Saucen 67

## *Bohnen-Aioli*

*200 g gekochte weiße Bohnen*
*50 ml Olivenöl*
*50 ml Soja- oder Reisdrink*
*2 – 3 geschälte und geviertelte Knoblauchzehen*
  *(falls gewünscht auch mehr)*
*1 EL Zitronensaft*
*1 TL Meersalz*
*½ TL gemahlene Kurkuma*

- Alle Zutaten in den Mixbehälter der Küchenmaschine geben und zu einer glatten Creme pürieren.

 Als Dip zu Gemüsesticks, Weißbrot oder auch zu gekochten oder gebratenen Kartoffeln servieren.
Das Bohnen-Aioli hält sich in einem verschließbaren Gefäß im Kühlschrank bis zu vier Tage.

## Dressing mit feinem Feigenkäsearoma

*2 EL Shiro Miso*
*2 EL Hefeflocken*
*3 EL blanchierte und gemahlene Mandeln*
*1 EL Feigenmarmelade*
*1 EL Weißweinessig*
*1 TL mildes Currypulver*
*1 TL grobkörniger Senf*
*50 ml Apfelsaft*
*50 ml Soja- oder Hafersahne*
*1 frische Feige*
*Meersalz*
*frisch gemahlener weißer Pfeffer*

- Das Shiro Miso mit den Hefeflocken, den Mandeln, der Feigenmarmelade, dem Essig, Currypulver und dem Senf verrühren.
- Den Apfelsaft und die Sojasahne hinzufügen und alles zu einer glatten Creme verrühren.
- Die Feige fein würfeln und unter das Dressing ziehen.
- Mit Salz und Pfeffer abschmecken.

 Dieses edle Dressing schmeckt gut zu knackigen Blattsalaten wie zum Beispiel Römersalat oder Friséesalat.

# Dressings, Pestos und Saucen

## Französisches Cremedressing

*für sechs Personen*

*100 g geschälte Salatgurke*
*½ kleine geschälte Zwiebel*
*1 kleine Tomate*
*1 geschälte Knoblauchzehe*
*4 Stängel Basilikum*
*2 EL Tahin*
*2 EL milder Senf*
*1 TL Dijon-Senf*
*1 EL Zitronensaft*
*1 EL Ahornsirup*
*1 EL Olivenöl*
*Meersalz*

- Salatgurke, Zwiebel, Tomate und Knoblauchzehe jeweils grob würfeln.
- Danach das Gemüse in ein hochwandiges Rührgefäß geben und mit dem Pürierstab fein pürieren.
- Die Basilikumblättchen und die restlichen Zutaten bis auf das Salz hinzufügen und nochmals gründlich pürieren, bis eine feine, etwas schaumige Creme entstanden ist.
- Mit etwas Salz abschmecken.
- Das Dressing hält sich in einem verschließbaren Gefäß im Kühlschrank etwa drei Tage.

Das Dressing verfeinert alle sommerlichen Blatt- oder Tomatensalate. Salate aus gekochten grünen Bohnen erhalten dadurch und zusätzlich mit drei bis vier Esslöffel Pinienkernen bestreut das gewisse französische Extra.

## Dressing mit Schmelzkäsearoma

*70 ml Soja- oder Reisdrink*
*Saft einer halben Zitrone*
*3 EL Hefeflocken*
*1 EL weißes Tahin*
*1 EL Tahin*
*1 TL Roh-Rohrzucker*
*2 – 3 MSP mildes Currypulver*
*Meersalz*
*frisch gemahlener weißer Pfeffer*

- Den Sojadrink mit allen Zutaten, außer Salz und Pfeffer, verrühren.
- So lange rühren, bis eine glatte Creme entstanden ist und der Zucker sich komplett aufgelöst hat.
- Das Dressing mit Salz und Pfeffer abschmecken.

 Dieses milde Dressing ist der ideale Begleiter zu Salaten, die aus Blattsalaten, Chinakohl oder Chicorée in Kombination mit Früchten und/oder Nüssen zubereitet werden.

Dressings, Pestos und Saucen

## Feine Käsecremesauce mit Petersilie

1 Zwiebel
2 EL Rapsöl
250 g gekochte weiße Bohnen
4 – 5 EL Hefeflocken
4 EL Kichererbsenmehl
2 EL milder Senf
1 EL Weißweinessig
400 ml Soja- oder Reisdrink
2 – 3 MSP gemahlene Muskatnuss
5 EL fein gehackte krause Petersilie
Meersalz
frisch gemahlener weißer Pfeffer

- Die Zwiebel schälen, fein hacken und in einem Esslöffel Rapsöl glasig dünsten.
- Die Bohnen zusammen mit den Hefeflocken, dem Kichererbsenmehl, dem Senf, dem verbliebenen Esslöffel Rapsöl und dem Weißweinessig in ein hochwandiges Rührgefäß geben.
- Mit dem Sojadrink übergießen und alles mit dem Pürierstab zu einer feinen Creme pürieren.
- Die Creme zur Zwiebel in den Topf geben und die gemahlene Muskatnuss unterrühren.
- Die Sauce unter Rühren einmal aufkochen lassen, dann die Temperatur reduzieren und drei bis vier Minuten köcheln lassen.
- Die Petersilie unterrühren und die Sauce mit Salz und Pfeffer abschmecken.

Servieren Sie diese feincremige Sauce zu gekochtem Spargel, grünen Erbsen, Spinat oder Frühkartoffeln.
Anstelle der Petersilie können Sie andere fein gehackte Gartenkräuter nach Wahl verwenden.

## Fixe Käsesauce

*50 g Hefeflocken*
*3 EL Kichererbsenmehl*
*1 EL Speisestärke*
*1 TL Meersalz*
*1 TL mildes Paprikapulver*
*½ – 1 TL gemahlene Kurkuma*
*1 – 2 MSP gemahlene Muskatnuss*
*500 ml Soja- oder Reisdrink*
*Meersalz*
*frisch gemahlener weißer Pfeffer*

- Die trockenen Zutaten in einen kleinen Topf geben und gut miteinander vermischen.
- Den Sojadrink unterrühren. So lange rühren, bis keine Klümpchen mehr vorhanden sind.
- Die Sauce unter Rühren zum Kochen bringen. Dann die Temperatur reduzieren und drei bis vier Minuten köcheln lassen.
- Falls gewünscht, mit noch etwas Salz und Pfeffer abschmecken.
- Als Saucenbasis für Reis-, Kartoffel-, Pasta- oder Gemüsegerichte verwenden.

Verfeinern Sie die Fixe Käsesauce nach eigenem Geschmack, zum Beispiel durch die Zugabe von:
- 1 TL mildem und 1 TL scharfem Senf,
- 4 – 5 EL fein gehackten Gartenkräutern,
- 1 – 2 EL geriebenem Tafelmeerrettich,
- 1 – 2 durchgepressten Knoblauchzehen oder
- 1 kleinen, fein gehackten Zwiebel oder 2 fein gehackten Schalotten, die vorher in etwas Öl angeschwitzt wurden.

Dressings, Pestos und Saucen

## Dressing mit feinem Blauschimmelkäsearoma

*80 g Walnusskerne*
*80 g Tofu (natur)*
*1 geschälte und geviertelte Knoblauchzehe*
*100 ml Soja- oder Reisdrink*
*2 EL Genmai Miso*
*1 EL Balsamico-Essig*
*1 EL Sojasauce*
*1 TL getrockneter Thymian*
*frisch gemahlener weißer Pfeffer*

- Alle Zutaten bis auf den Pfeffer in den Mixbehälter der Küchenmaschine geben und sehr gründlich pürieren, bis eine feine Creme entstanden ist.
- Danach das Dressing mit Pfeffer abschmecken und zu knackigen Blattsalaten oder Feldsalat servieren.

## Goldene Cremesauce

½ Zwiebel
1 große Kartoffel
1 kleine Karotte
100 ml Wasser
80 g geröstete und gesalzene Cashewkerne
250 ml Soja- oder Reisdrink
4 EL Hefeflocken
1 EL Tahin
1 EL Apfelessig
½ TL gemahlene Kurkuma
Meersalz
frisch gemahlener weißer Pfeffer

- Die Zwiebel schälen und fein hacken.
- Die Kartoffel und Karotte schälen, dann würfeln.
- Das Gemüse in einen kleinen Topf geben, mit dem Wasser übergießen und weich kochen.
- Die Cashewkerne im Mixbehälter der Küchenmaschine staubfein zerkleinern.
- Das gekochte Gemüse, den Sojadrink und die Hefeflocken dazugeben und nochmals pürieren, bis eine glatte Creme entstanden ist.
- Die Cremesauce zurück in den Topf geben und das Tahin, den Apfelessig und die Kurkuma unterrühren.
- Die Cremesauce zum Kochen bringen, dann die Temperatur reduzieren und drei bis vier Minuten köcheln lassen.
- Danach mit Salz und Pfeffer abschmecken und zu Pasta, Reis, zu gekochtem Gemüse oder auch Kartoffeln servieren.

Dressings, Pestos und Saucen

## Käsecremesauce ohne Kochen

*150 ml Soja- oder Reisdrink*
*100 ml Soja- oder Hafersahne*
*5 EL Hefeflocken*
*3 EL weißes Tahin*
*2 EL Zitronensaft*
*1 – 2 EL Rapsöl (nach Wahl)*
*1 – 2 durchgepresste Knoblauchzehen*
*1 TL milder Senf*
*1 TL Johannisbrotkernmehl*
*Meersalz*

- Alle Zutaten zu einer glatten Creme verrühren und mit Salz abschmecken.
- Die Sauce mit noch heißen Pasta-, Getreide-, Kartoffel- oder Reiszubereitungen vermischen und alles zusammen drei bis vier Minuten im Topf ziehen lassen, aber nicht mehr kochen.

 Kalt macht sich die Käsecremesauce gut als Dip zu Gemüsesticks oder zu im Backofen zubereiteten Kartoffelspalten (Rezept s. S. 136). Sie kann nach Belieben mit frischen, fein gehackten Kräutern verfeinert werden.

## Knoblauchbutter

*2 ganze Knoblauchknollen*
*Olivenöl für die Auflaufform*
*150 ml Olivenöl*
*Meersalz*

- Die Knoblauchzehen von den Knollen lösen, aber nicht schälen.
- Die Knoblauchzehen in eine gefettete Auflaufform geben und im Backofen bei 200 °C fünfzehn bis zwanzig Minuten garen, bis sie weich sind.
- Dabei des Öfteren kontrollieren, weil kleinere Knoblauchzehen schnell braun werden. Diese früher aus dem Backofen nehmen oder die Auflaufform mit Backpapier abdecken.
- Die weichen Knoblauchzehen etwas abkühlen lassen, dann aus der Haut pressen oder mit einem Teelöffel ausschaben.
- Die Knoblauchzehen in ein hochwandiges Rührgefäß geben, mit dem Öl übergießen und mit dem Pürierstab fein pürieren.
- Die Knoblauchbutter nach Belieben salzen und in ein verschließbares Gefäß geben.
- Die Knoblauchbutter im Kühlschrank durchkühlen lassen, wodurch sich das Olivenöl etwas verfestigt.
- Die Knoblauchbutter ist im Kühlschrank gelagert etwa drei Wochen haltbar.

 Die Knoblauchbutter auf noch warmen Toast oder geröstetes Baguette streichen, mit etwas Salz und frisch gemahlenem schwarzen Pfeffer würzen und sofort genießen.
Wer es weniger stückig vorzieht, streicht die Knoblauchbutter nach dem Pürieren durch ein Sieb.
Nach Belieben können fein gehackte Kräuter, gehackte Chili-schote oder pfannengeröstete und gehackte Nüsse hinzugefügt werden.

Dressings, Pestos und Saucen

## Lauwarmes Macadamia-Zwiebel-Pesto

*100 g geröstete und gesalzene Macadamiakerne*
*1 Bund kleine Frühlingszwiebeln*
*2 Knoblauchzehen*
*2 EL Olivenöl*
*100 ml Wasser*
*280 g Tomatenmark*
*½ Bund Basilikum*
*Meersalz*
*frisch gemahlener schwarzer Pfeffer*

- Die Macadamiakerne im Mixbehälter der Küchenmaschine zerkleinern. Sie sollten noch etwas stückig bleiben.
- Die Frühlingszwiebeln in dünne Scheiben schneiden, den Knoblauch schälen und fein hacken.
- Das Öl in einer Pfanne erhitzen und die Frühlingszwiebeln und den Knoblauch darin anschwitzen.
- Mit dem Wasser ablöschen, dann das Tomatenmark und die Macadamiakerne unterrühren, etwa fünf Minuten schmoren.
- In der Zwischenzeit das Basilikum kurz abbrausen, trockentupfen und fein hacken.
- Das Basilikum zum Pesto geben und mit Salz und Pfeffer abschmecken.
- Das Pesto noch lauwarm zu Reis oder Pasta servieren oder im Kühlschrank abkühlen lassen und als Brotaufstrich verwenden.

## Milde Mandelmayonnaise

*150 g Mandeln*
*3 EL Hefeflocken*
*2 – 3 EL Zitronensaft*
*50 ml Sonnenblumen- oder Sojaöl*
*100 ml Soja- oder Reisdrink*
*Meersalz*
*frisch gemahlener weißer Pfeffer*

- Die Mandeln mit kochend heißem Wasser übergießen, eine Viertelstunde ruhen lassen, dann das Wasser abgießen und die Mandeln enthäuten.
- Die Mandeln im Mixbehälter der Küchenmaschine staubfein zerkleinern.
- Die Hefeflocken, den Zitronensaft, das Öl und den Sojadrink hinzufügen und so lange pürieren, bis eine glatte Creme entstanden ist.
- Mit Salz und ein wenig Pfeffer abschmecken.
- Die Mandelmayonnaise hält sich in einem verschließbaren Gefäß im Kühlschrank drei bis vier Tage.

# Dressings, Pestos und Saucen

## Süßpikantes Dressing

2 EL süßer, heller Senf
2 EL Zuckerrübensirup
2 EL Sojasauce
4 EL Balsamico-Essig
4 EL Olivenöl
4 EL Kürbiskernöl
Meersalz
frisch gemahlener schwarzer Pfeffer

- Alle Zutaten, außer Salz und Pfeffer, gut miteinander verrühren.
- Dann das Dressing herzhaft mit Salz und Pfeffer abschmecken.

Zu knackigen Blattsalaten oder Feldsalat servieren.
Die Zugabe von gehackten, in der trockenen Pfanne kurz angerösteten Nüssen oder Kernen verfeinert das Aroma.

## Tofu-Sour-Cream

*200 g Tofu (natur)*
*Saft einer halben kleinen Zitrone*
*100 ml Soja- oder Reisdrink*
*50 ml Soja- oder Hafersahne*
*2 EL Rapsöl (nach Wahl)*
*1 TL Roh-Rohrzucker*
*Meersalz*
*2 MSP frisch gemahlener weißer Pfeffer*

- Den Tofu kurz abbrausen, in Küchenkrepp einschlagen und vorsichtig das überschüssige Wasser auspressen. Danach den Tofu grob würfeln und in ein hochwandiges Rührgefäß geben.
- Den Zitronensaft, Sojadrink, die Sojasahne, das Rapsöl und den Zucker hinzufügen und alles zu einer glatten Creme pürieren.
- Die Creme mit Salz und Pfeffer abschmecken.

Die Tofu-Sour-Cream ist eine Creme für alle Fälle. Sie schmeckt wunderbar als cremige Beilage zu knusprigen Kartoffelspalten (Rezept s. S. 136). Außerdem macht sie sich als Dip zu Gemüsesticks oder als Salatdressing sehr gut.
Sie können die Sour Cream nach Belieben verfeinern durch die Zugabe von:
- 4 EL fein gehackten Gartenkräutern,
- 1 fein gewürfelten Tomate und 2 EL fein gehacktem Basilikum,
- 1 fein gewürfelten roten Paprika und 1 TL mildem Paprikapulver oder
- 1 fein gehackten kleinen Zwiebel und 2 fein gehackten Cornichons sowie 1 EL fein gehacktem Dill und 1 EL fein gehackter Petersilie.

# Dressings, Pestos und Saucen

## Tomatencremesauce

1 Zwiebel
1 – 2 Knoblauchzehen
1 EL Olivenöl
400 g geschälte Tomaten in Stücken
140 g Tomatenmark
150 ml Soja- oder Reisdrink
30 g Hefeflocken
3 EL weißes Tahin
1 EL Balsamico-Essig
Meersalz
frisch gemahlener schwarzer Pfeffer

- Die Zwiebel und die Knoblauchzehen schälen und fein hacken und im heißen Olivenöl im Topf anschwitzen.
- Die geschälten Tomaten, das Tomatenmark, den Sojadrink, die Hefeflocken, das Tahin und den Balsamico-Essig dazugeben.
- Die Sauce unter gelegentlichem Rühren zum Kochen bringen, dann die Temperatur etwas reduzieren und etwa fünf Minuten köcheln lassen.
- Die Tomatencremesauce mit Salz und Pfeffer abschmecken und zu Reis, Pasta oder mediterranen Kartoffelgerichten servieren.

## Würzige Käsecremesauce

*200 g Tofu (natur)*
*1 Knoblauchzehe*
*½ kleine Zwiebel*
*300 ml Soja- oder Reisdrink*
*4 EL Hefeflocken*
*3 EL blanchierte und gemahlene Mandeln*
*1 EL weißes Tahin*
*1 EL Weißweinessig*
*1 MSP gemahlene Muskatnuss*
*Meersalz*

- Den Tofu kurz abbrausen, in Küchenkrepp einschlagen und vorsichtig das überschüssige Wasser auspressen. Danach den Tofu grob würfeln und in ein hochwandiges Rührgefäß geben.
- Die Knoblauchzehe und die Zwiebel schälen, ebenfalls grob würfeln und in das Rührgefäß geben.
- Mit dem Sojadrink übergießen und alles mit dem Pürierstab gründlich pürieren.
- Die Hefeflocken, gemahlenen Mandeln, das Tahin, den Essig und die gemahlene Muskatnuss hinzufügen und nochmals pürieren, bis eine glatte Creme entstanden ist.
- Die Sauce in einen kleinen Topf umfüllen und unter gelegentlichem Rühren erhitzen.
- Mit Salz abschmecken und zu Pasta-, Kartoffel- oder Reisgerichten servieren.

# Salate und Beilagen

### *Backofenbirnen mit Haselnusskruste*

*4 große reife Birnen*
*Öl für die Auflaufform*
*100 ml trockener Weißwein*
　*ersatzweise ungesüßter Apfelsaft*
*Meersalz*
*frisch gemahlener weißer Pfeffer*
*6 EL gemahlene Haselnusskerne*
*4 EL Hefeflocken*
*4 EL Semmelbrösel*
*1 TL Meersalz*
*3 EL Rapsöl*

- Die Birnen vierteln, entkernen und in dünne Spalten schneiden.
- Die Birnenspalten in eine gefettete Auflaufform schichten und mit dem Weißwein übergießen. Dann ein wenig mit Salz und Pfeffer würzen.
- Die gemahlenen Haselnusskerne mit den Hefeflocken, Semmelbröseln und dem Meersalz verrühren.
- Die Birnenspalten mit der Mischung überstreuen und mit dem Rapsöl beträufeln.
- Im Backofen bei 200 °C etwa dreißig Minuten backen, bis die Birnenspalten weich und die Haselnusskruste leicht gebräunt ist.

## Backofen-Riesenrösti mit feiner Käsenote

*1 mittelgroße Zwiebel*
*1 kg Kartoffeln*
*2 Knoblauchzehen*
*6 EL Kichererbsenmehl*
*6 EL Semmelbrösel*
*250 ml Soja- oder Reisdrink*
*3 EL Hefeflocken*
*1 TL mildes Paprikapulver*
*2 – 3 MSP gemahlene Muskatnuss*
*4 EL fein gehackte krause Petersilie*
*1 EL fein gehackter Thymian*
*Meersalz*
*frisch gemahlener weißer Pfeffer*
*Öl für die Auflaufform*

- Die Zwiebel und Kartoffeln schälen und raspeln.
- Die durchgepressten Knoblauchzehen, das Kichererbsenmehl, die Semmelbrösel und den Sojadrink unterrühren.
- Mit den Hefeflocken, dem Paprikapulver, der gemahlenen Muskatnuss und den Kräutern würzen und mit Salz und Pfeffer abschmecken.
- Die Kartoffelmasse in eine flache, gefettete Auflaufform geben und im Backofen bei 200 °C etwa sechzig Minuten backen.
- Nach der Hälfte der Backzeit mit Backpapier abdecken.
- Nach Beendigung der Backzeit den Backofenrösti im ausgeschalteten Backofen noch zehn Minuten nachgaren lassen.
- Heiß oder auch kalt servieren.

> Zum Backofenrösti schmeckt nicht zu süßes Apfelkompott oder auch ein frischer Gurkensalat.
> Der Backofenrösti lässt sich gut am Vortag komplett zubereiten und am nächsten Tag noch einmal im Backofen erwärmen. Auch eine Wartezeit in der Tiefkühltruhe nimmt er nicht übel.

# Salate und Beilagen

## Bayerischer Rettichsalat mit Käse-Senf-Dressing

700 g weißer Rettich
300 g Karotten
1 großer Apfel

**Für das Dressing:**
100 ml Soja- oder Hafersahne
1 EL Shiro Miso
1 EL heller, süßer Senf
1 TL grobkörniger Senf
1 EL Zitronensaft
1 TL weißes Tahin
½ Bund krause Petersilie
Meersalz
frisch gemahlener weißer Pfeffer

- Den Rettich und die Karotten schälen, dann direkt in eine Salatschüssel raspeln.
- Den Apfel vierteln, entkernen und ebenfalls in die Salatschüssel raspeln.
- Für das **Dressing** die Sojasahne mit dem Miso, dem Senf, dem Zitronensaft und Tahin verrühren.
- Die Petersilie kurz abbrausen, trockentupfen, fein hacken und zum Dressing geben.
- Das Dressing mit Salz und Pfeffer abschmecken, über den Salat geben und gut vermischen.
- Den Salat sofort servieren, weil Rettich schnell Wasser zieht!

 Noch pikanter wird der Salat, wenn man ihn mit sechs bis acht Esslöffel gekeimten Rettichsamen überstreut.

## Cremig gefüllter Chicorée

*4 mittelgroße Kartoffeln*
*Meersalz*
*100 ml heißer Soja- oder Reisdrink*
*4 EL Hefeflocken*
*2 EL milder Senf*
*1 EL Shiro Miso*
*2 EL fein gehackter Thymian*
*4 Chicorée (500 – 600 g)*
*1 – 2 EL Rapsöl*
*1 große Zwiebel*
*1 Tomate*
*frisch gemahlener schwarzer Pfeffer*
*Öl für die Auflaufform*

- Die Kartoffeln schälen, würfeln und in reichlich Salzwasser weich kochen. Danach abgießen und abtropfen lassen.
- Die Kartoffelwürfel mit dem heißen Sojadrink übergießen und mit Hilfe einer Gabel oder eines Kartoffelstampfers zermusen.
- Die Hefeflocken, den Senf, das Miso und den Thymian unterrühren.
- Die Chicorée kurz waschen und mit Küchenkrepp trocknen. Dann halbieren und die bitteren Strünke keilförmig herausschneiden.
- Die Chicorée so aushöhlen, dass noch vier bis fünf Lagen Außenblätter stehen bleiben.
- Das Öl in einer Pfanne erhitzen und die geschälte und fein gehackte Zwiebel darin anschwitzen.
- Das Chicoréeinnere fein hacken und zur Zwiebel in die Pfanne geben.
- Kurz anschwitzen, dann die gewürfelte Tomate hinzufügen und das Gemüse so lange schmoren, bis es weich ist und in sich zusammenfällt.
- Das Gemüse mit dem Kartoffelbrei vermischen und mit Salz und Pfeffer abschmecken.
- Die ausgehöhlten Chicorée in eine gefettete, rechteckige Auflaufform geben und mit dem Kartoffelbrei füllen.
- Die Chicorée im Backofen bei 200 °C etwa dreißig Minuten backen, bis die Chicoréeblätter weich sind und die Oberfläche leicht gebräunt ist.

Salate und Beilagen

## Dänischer Zucchinisalat mit »Butterkäse«

4 EL Sonnenblumenkerne
2 Schalotten
etwa 650 g Zucchini
400 g Schnittkäse nach Butterkäse-Art (Rezept s. S. 58)

**Für das Dressing:**
150 ml Soja- oder Reisdrink
2 EL Zitronensaft
1 EL Rapsöl
1 EL milder Senf
1 ½ TL Johannisbrotkernmehl
1 TL Apfelessig
2 EL fein gehackter Dill
2 EL fein gehackte glatte Petersilie
Meersalz
frisch gemahlener weißer Pfeffer

- Die Sonnenblumenkerne in der trockenen Pfanne kurz anrösten. Dann etwas abkühlen lassen.
- Die Schalotten fein hacken, die Zucchini würfeln.
- Den Schnittkäse nach Butterkäse-Art ebenfalls würfeln.
- Die Sonnenblumenkerne, Schalotten und Zucchini in eine Salatschüssel geben.
- Für das **Dressing** den Sojadrink zusammen mit dem Zitronensaft, Rapsöl, Senf, Johannisbrotkernmehl und Apfelessig in ein hochwandiges Rührgefäß geben und mit dem Pürierstab zu einer cremigen Sauce verrühren.
- Die gehackten Kräuter unterrühren und das Dressing mit Salz und Pfeffer abschmecken.
- Das Dressing über den Salat geben und gut vermischen.
- Die Käsewürfel vorsichtig unterziehen und den Salat servieren.

## Feuerbohnensalat mit Tofuwürfeln nach Feta-Art

*300 g rote Feuerbohnen*
*1,7 l Wasser*
*2 kleine Frühlingszwiebeln*
*15 schwarze griechische Oliven*

**Für das Dressing:**
*150 ml Soja- oder Hafersahne*
*3 EL Weißweinessig*
*2 EL Shiro Miso*
*1 EL Olivenöl*
*1 Knoblauchzehe*
*2 EL fein gehacktes Basilikum*
*Meersalz*
*frisch gemahlener schwarzer Pfeffer*
*frisch gemahlene Chiliflocken*

*200 g Tofuwürfel nach Feta-Art (Rezept s. S. 60)*

- Die Feuerbohnen mit dem Wasser übergießen und ohne Einweichen im Schnellkochtopf in etwa fünfundzwanzig Minuten garen. (Oder die Bohnen über Nacht einweichen und dann in einem normalen Topf in etwa sechzig Minuten garen.)
- Die Bohnen abgießen, mit klarem Wasser abspülen und danach gut abtropfen lassen. Vor der Weiterverwendung auskühlen lassen.
- Die Frühlingszwiebeln in feine Scheiben schneiden.
- Die Oliven entkernen und halbieren.
- Bohnen mit den Frühlingszwiebeln und Oliven in eine Schüssel geben.
- Für das **Dressing** die Sojasahne mit dem Weißweinessig, dem Shiro Miso und dem Olivenöl verrühren.
- Die durchgepresste Knoblauchzehe und das Basilikum hinzufügen.
- Das Dressing über den Salat geben und mit Salz, Pfeffer sowie frisch gemahlenen Chiliflocken herzhaft abschmecken.
- Die Tofuwürfel nach Feta-Art unterziehen und den Feuerbohnensalat servieren.

Salate und Beilagen

## Gefüllte Riesenchampignons

*Für die Füllung:*
*150 g gegarter Gemüsemais*
*1 geschälte und geviertelte Knoblauchzehe*
*100 ml Soja- oder Reisdrink*
*50 g Hirseflocken*
*1 EL milder Senf*
*1 EL Tahin*
*1 EL scharfes Ajvar*
*1 EL Weißweinessig*
*1 TL Johannisbrotkernmehl*
*4 EL fein gehackter Schnittlauch*
*Meersalz*

*500 g Riesenchampignons*
*Öl für die Auflaufform*
*2 EL Hefeflocken*

- Für die **Füllung** den Mais, die Knoblauchzehe sowie den Sojadrink in den Mixbehälter der Küchenmaschine geben und gründlich pürieren.
- Die Hirseflocken, den Senf, das Tahin, das Ajvar, den Weißweinessig und das Johannisbrotkernmehl dazugeben und nochmals gründlich pürieren.
- Danach den Schnittlauch unterrühren und die Füllung mit Salz abschmecken.
- Die Riesenchampignons mit Küchenkrepp säubern. Die Stiele ausbrechen und anderweitig verwenden.
- Die Füllung in die Champignons geben und glatt streichen.
- Die Champignons in eine gefettete Auflaufform setzen und mit den Hefeflocken überstreuen.
- Die Champignons bei 200 °C im Backofen etwa fünfundzwanzig Minuten backen, bis die Oberfläche der Füllung leicht gebräunt ist.

## Gratinierte Backofennektarinen

4 große reife Nektarinen
Öl für die Auflaufform
50 ml Soja- oder Hafersahne
6 EL blanchierte und gemahlene Mandeln
2 EL Hefeflocken
1 EL Shiro Miso
1 EL weiße Balsamicocreme
1 – 2 EL Semmelbrösel
6 Zitronenmelissenblättchen

- Die Nektarinen halbieren und die Kerne entfernen.
- Die Nektarinenhälften in eine gefettete Auflaufform geben.
- Die Sojasahne mit den Mandeln, den Hefeflocken, dem Shiro Miso und der Balsamicocreme verrühren und die Masse in die Nektarinenhälften füllen.
- Mit den Semmelbröseln überstreuen und die Nektarinenhälften im Backofen bei 200 °C etwa zwanzig Minuten garen.
- Dann bei Höchsttemperatur für drei bis vier Minuten den Grill oder die Oberhitze einschalten und die Nektarinen gratinieren.
- Die Zitronenmelisse grob hacken und die Nektarinenhälften vor dem Servieren damit überstreuen.

Salate und Beilagen

## Gurken-Mais-Salat mit Nussschmand

*2 Salatgurken*
*350 g gegarter Gemüsemais*

**Für den Nussschmand:**
*100 g Paranusskerne*
*½ kleine geschälte Zwiebel*
*Saft einer halben Zitrone*
*2 EL Rapsöl*
*1 TL weißes Tahin*
*1 TL Meersalz*
*150 ml Soja- oder Reisdrink*
*10 Basilikumblättchen*
*4 Minzen- oder Zitronenmelissenblättchen*
*frisch gemahlener weißer Pfeffer*

- Die abgespülten und trockengetupften, aber ungeschälten Salatgurken direkt in einen Durchschlag raspeln.
- Die Gurkenraspel mit einem Teller bedecken und diesen beschweren.
- Die Gurken auf diese Art fünfzehn Minuten abtropfen lassen, dann in eine Schüssel umfüllen und den Mais dazugeben.
- Für den **Nussschmand** die Paranusskerne im Mixbehälter der Küchenmaschine staubfein zerkleinern.
- Die halbe Zwiebel grob würfeln und ebenfalls in den Mixbehälter geben.
- Den Zitronensaft, das Rapsöl, Tahin, Salz und den Sojadrink hinzufügen und zu einer feinen Creme pürieren.
- Die Kräuter fein hacken und unterrühren.
- Den Nussschmand mit Pfeffer abschmecken. Danach über den Gurken-Mais-Salat geben und gut vermischen.
- Den Salat sofort servieren.

92                                                                        Salate und Beilagen

## Mit Nusskäse gefüllte Artischocken

4 große Artischocken
Zitronensaft
Meersalz

**Für den Nusskäse:**
80 g Walnusskerne
80 g Mandeln
250 ml kräftige Gemüsebrühe
2 EL Shiro Miso
2 EL weiße Balsamicocreme
2 Knoblauchzehen
1 EL weißes Tahin
6 EL Semmelbrösel
4 EL fein gehacktes Basilikum
4 EL fein gehackte glatte Petersilie
Meersalz
frisch gemahlener schwarzer Pfeffer

Öl für die Auflaufform
100 ml Gemüsebrühe
8 TL Olivenöl

- Die Stiele der Artischocken bis auf ein Drittel kürzen und schälen.
- Die äußeren Hüllenblätter großzügig bis zu den hellen Innenblättern abzupfen oder abschneiden.
- Jeweils ein Drittel der Knospe mit einem scharfen Messer abschneiden.
- Die so behandelten Artischocken in Zitronenwasser legen, damit sie nicht braun anlaufen.
- Wenn alle Artischocken vorbereitet sind, Salzwasser in einem großen Topf zum Kochen bringen, zwei Esslöffel Zitronensaft hinzufügen und die Artischocken hineingeben.
- Bei mittlerer Temperatur in etwa dreißig Minuten weich kochen.
- Die Artischocken sind gar, wenn sich die äußeren Blätter ohne Mühe abzupfen lassen.

# Salate und Beilagen

- Die Artischocken in einen Durchschlag geben und abtropfen sowie etwas abkühlen lassen.
- In der Zwischenzeit für den **Nusskäse** die Walnusskerne in der trockenen Pfanne kurz anrösten.
- Die Mandeln mit kochend heißem Wasser übergießen, zehn Minuten ziehen lassen, dann abtropfen lassen und die Häutchen entfernen.
- Die Mandeln und Walnusskerne im Mixbehälter der Küchenmaschine staubfein zerkleinern.
- Mit der Gemüsebrühe, dem Miso, der Balsamicocreme, den durchgepressten Knoblauchzehen, dem Tahin und den Semmelbröseln verrühren.
- Die Kräuter unterrühren und die Füllung mit Salz und Pfeffer abschmecken.
- Die Artischocken halbieren und das »Heu« (Samenfäden in der Mitte) mit einem Löffel entfernen.
- Eine große Auflaufform mit etwas Öl einfetten und die Gemüsebrühe hineingießen.
- Die Artischocken mit der Schnittfläche nach oben in die Auflaufform geben und leicht salzen und pfeffern.
- Auf jede Artischockenhälfte einen Teelöffel Olivenöl träufeln.
- Dann die Füllung auf den Artischockenhälften verteilen und glatt streichen.
- Die Artischocken bei 200 °C im Backofen etwa dreißig Minuten garen.
- Dazu Baguette oder Nussbrot servieren.

---

**»Artischocken-Knigge«**
Essbar sind nur der fleischige untere Teil der Schuppenblätter, der Blütenboden und die zarten inneren Blätter. Stellen Sie bei der Zubereitung immer eine Schüssel mit Zitronenwasser bereit, die Schnittstellen laufen schnell braun an. Bei den halbierten und gefüllten Artischocken isst man sich »von innen nach außen« durch und teilt dann das »Herzstück«, den Blütenboden, vom Stiel ab. Sobald man die verbleibenden äußeren noch harten Blätter erreicht hat, ist der Genuss vorbei und man sollte zur zweiten Artischockenhälfte greifen.

## Mit Sonnenblumenkäse gefüllte Spitzpaprika

500 g rote Spitzpaprika

**Für die Füllung:**
150 g Sonnenblumenkerne
150 g Tofu (natur)
250 ml Gemüsebrühe
3 EL Hefeflocken
2 EL milder Senf
1 ½ EL weiße Balsamicocreme
1 TL mildes Paprikapulver
½ TL scharfes Paprikapulver
Meersalz
Öl für die Auflaufform

- Von den Paprika die Stielansätze abschneiden und die Kerne und Fasern mit Hilfe eines scharfkantigen Löffels oder eines Melonenausstechers entfernen.
- Für die **Füllung** die Sonnenblumenkerne im Mixbehälter der Küchenmaschine staubfein zerkleinern.
- Den Tofu kurz abbrausen, in Küchenkrepp einschlagen und vorsichtig das überschüssige Wasser auspressen. Danach den Tofu grob würfeln und zusammen mit 150 Milliliter Gemüsebrühe ebenfalls in den Mixbehälter geben. Alles zu einer glatten Creme pürieren.
- Die Hefeflocken, den Senf, die Balsamicocreme und das Paprikapulver unterrühren und die Füllung mit Salz abschmecken.
- Eine Auflaufform mit Öl ausstreichen und die verbliebene Gemüsebrühe hineingießen.
- Die Paprika mit dem Sonnenblumenkäse füllen und in die Auflaufform legen.
- Im Backofen bei 200 °C etwa fünfundvierzig Minuten garen, dabei nach etwa der Hälfte der Zeit mit Backpapier abdecken.

 Die Füllung schmeckt auch kalt als Brotaufstrich!

Salate und Beilagen

## Provenzalisches Tomatensoufflé

*Für die Soufflé-Füllung:*
*8 Vollkornzwiebäcke*
*1 kleine Zwiebel*
*2 Knoblauchzehen*
*200 ml Soja- oder Hafersahne*
*8 Basilikumblättchen*
*5 – 6 EL Hefeflocken*
*4 EL Kichererbsenmehl*
*4 EL Sojamehl*
*2 TL Johannisbrotkernmehl*
*2 EL Senf auf provenzalische Art*

*2 TL getrocknete Kräuter der Provence*
*Meersalz*
*frisch gemahlener schwarzer Pfeffer*
*8 große Tomaten*
*Olivenöl für die Auflaufform*

- Für die **Soufflé-Füllung** die Zwiebäcke in etwas Wasser einweichen.
- Dann das Wasser abgießen und die Zwiebäcke mit den Händen gut ausdrücken.
- Die Zwiebel und Knoblauchzehen schälen und grob würfeln.
- Die Zwiebäcke, Zwiebel, den Knoblauch und den Rest der Zutaten für die Füllung in ein hochwandiges Rührgefäß geben und mit dem Pürierstab zu einer feinen Creme pürieren.
- Danach die Kräuter der Provence unterrühren und die Füllung mit Salz und Pfeffer abschmecken.
- Mit einem scharfen, spitzen Messer vorsichtig die Stielansätze der Tomaten entfernen, dann die Deckel abschneiden.
- Das Fruchtfleisch auslösen und anderweitig verwenden.
- Die Soufflé-Füllung in die ausgehöhlten Tomaten geben und die Deckel aufsetzen.
- Die Tomaten in eine gefettete Auflaufform geben und im Backofen bei 200 °C etwa fünfunddreißig Minuten garen.

## Sommersalat mit körnigem Tofufrischkäse

3 Frühlingszwiebeln
3 große Stangen Staudensellerie
4 Radieschen
2 Tomaten
2 gelbe Paprika

**Für den Tofufrischkäse:**
300 g Tofu (natur)
100 ml Soja- oder Reisdrink
Saft einer halben Zitrone
2 EL Sonnenblumenöl
1 – 2 Knoblauchzehen
1 TL Johannisbrotkernmehl
2 MSP gemahlener Kreuzkümmel
Meersalz
frisch gemahlene Chiliflocken

- Die Frühlingszwiebeln und den Staudensellerie in feine Ringe schneiden.
- Die Radieschen, die Tomaten und die Paprika jeweils fein würfeln.
- Das Gemüse in eine Salatschüssel geben.
- Für den **Tofufrischkäse** den Tofu kurz abbrausen, in Küchenkrepp einschlagen und vorsichtig das überschüssige Wasser auspressen.
- Den Tofu mit den Fingerspitzen oder einer Gabel in einer kleinen Rührschüssel zerkrümeln.
- Den Sojadrink, den Zitronensaft und das Sonnenblumenöl hinzufügen.
- Die durchgepressten Knoblauchzehen, das Johannisbrotkernmehl sowie den Kreuzkümmel dazugeben und alles gut vermischen.
- Den Tofufrischkäse herzhaft mit Salz und Chiliflocken abschmecken und zum Salat geben.
- Alles gut vermischen und mit Baguette oder Bauernbrot servieren.

Salate und Beilagen

## *Übergrillte Feigen*

*8 frische Feigen*
*Öl für die Auflaufform*
*2 EL Olivenöl*
*Meersalz*
*frisch gemahlener weißer Pfeffer*
*8 EL Walnussparmesan (Rezept s. S. 48)*
*1 EL fein gehackter Rosmarin*

- Die Feigen halbieren und die Stielansätze entfernen.
- Die Feigenhälften in eine gefettete Auflaufform legen. Mit dem Olivenöl beträufeln und leicht mit Salz und Pfeffer würzen.
- Mit dem Walnussparmesan und anschließend mit dem Rosmarin überstreuen.
- Die Feigen bei 220 °C im Backofen **mit Oberhitze oder im Grill** fünf bis acht Minuten übergrillen, bis die Früchte etwas erwärmt und der Walnussparmesan leicht gebräunt ist.

 Die übergrillten Feigen schmecken wunderbar zur käsigen Walnuss-Focaccia (Rezept s. S. 168).

# Suppen und Eintöpfe

## Cremesuppe mit käsigem Tomaten-Confit

*Für die Suppe:*
*3 Frühlingszwiebeln*
*2 – 3 Knoblauchzehen*
*2 EL Rapsöl*
*3 große Stangen Staudensellerie*
*250 g Petersilienwurzel*
*    ersatzweise anderes Wurzelgemüse*
*500 ml Gemüsebrühe*
*5 große Kartoffeln*
*3 EL Weizenmehl (Type 1050)*
*500 ml Soja- oder Reisdrink*
*4 EL fein gehackte krause Petersilie*
*2 EL fein gehackter Majoran*
*1 ½ EL Weißweinessig*
*Meersalz*
*frisch gemahlener weißer Pfeffer*

*Für das Tomaten-Confit:*
*4 Tomaten*
*2 EL Olivenöl*
*2 EL Roh-Rohrzucker*
*2 EL Hefeflocken*
*1 EL Genmai Miso*
*1 EL fein gehackter Rosmarin*
*Meersalz*
*frisch gemahlener schwarzer Pfeffer*

- Für die **Suppe** die Frühlingszwiebeln in feine Ringe schneiden, den Knoblauch schäülen und fein hacken und beides im heißen Rapsöl im Topf glasig dünsten.

Suppen und Eintöpfe

- Den Staudensellerie und die Petersilienwurzel würfeln und zu den Zwiebeln in den Topf geben.
- Alles zwei bis drei Minuten anschwitzen. Danach mit der Gemüsebrühe ablöschen.
- Die Kartoffeln schälen und würfeln und ebenfalls in den Topf geben.
- Das Gemüse in etwa fünfzehn Minuten weich kochen.
- Den Topf vom Herd nehmen und das Gemüse mit dem Pürierstab pürieren.
- Das Weizenmehl und dann den Sojadrink unterrühren und nochmals gründlich pürieren.
- Die Suppe zurück auf den Herd geben und zum Kochen bringen. Dann die Temperatur reduzieren und die Suppe gut fünf Minuten köcheln lassen.
- Danach die Kräuter und den Weißweinessig unterrühren und die Suppe mit Salz und Pfeffer abschmecken.
- Für das **Tomaten-Confit** die Tomaten würfeln und im heißen Olivenöl in der Pfanne kurz anbraten.
- Dann den Zucker hinzufügen und die Tomatenwürfel bei mittlerer Temperatur etwas einkochen.
- Die Hefeflocken, das Genmai Miso und den Rosmarin unterrühren und das Tomaten-Confit mit Salz und Pfeffer abschmecken.
- Nochmals zwei bis drei Minuten schmoren.
- Dann die Suppe auf vier Suppenteller verteilen und das Tomaten-Confit darübergeben.

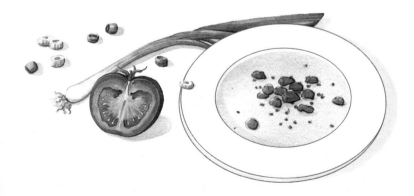

## Feines Knoblauchkäsesüppchen

*4 Scheiben Vollkorntoast*
*700 ml Soja- oder Reisdrink*
*3 – 4 Knoblauchzehen*
*1 rote Paprika*
*2 EL Olivenöl*
*400 ml Wasser*
*6 EL Hefeflocken*
*2 EL weiße Balsamicocreme*
*2 TL gekörnte Gemüsebrühe*
*½ Bund glatte Petersilie*
*100 ml Soja- oder Hafersahne*
*Meersalz*
*frisch gemahlener weißer Pfeffer*

- Den Toast im Toaster rösten, dann entrinden und grob würfeln.
- Mit dem Sojadrink übergießen und zehn Minuten einweichen lassen.
- Die Knoblauchzehen schälen und fein hacken, die Paprika fein würfeln.
- Das Öl in einem Suppentopf erhitzen und den Knoblauch und die Paprika darin anschwitzen.
- Den Toast zusammen mit dem Sojadrink in den Topf geben. Zum Kochen bringen, dann die Temperatur etwas reduzieren und fünfzehn Minuten köcheln lassen.
- Dann den Topf vom Herd nehmen und die Suppe mit dem Pürierstab fein pürieren.
- Das Wasser, die Hefeflocken, die Balsamicocreme und die gekörnte Gemüsebrühe hinzufügen und nochmals gründlich pürieren.
- Die Suppe zurück auf den Herd geben. Wieder zum Kochen bringen, dann die Temperatur reduzieren und zehn Minuten köcheln lassen.
- Danach die Petersilie kurz abbrausen, trockentupfen und fein hacken.
- Die Petersilie sowie die Sojasahne unterrühren und die Suppe mit Salz und Pfeffer abschmecken.
- Zwei Minuten ziehen lassen, dann servieren.

Suppen und Eintöpfe 101

## Kalte Melonensuppe mit Käsecroûtons

**Für die Croûtons:**
6 Scheiben Baguette
3 EL Olivenöl
1 EL Shiro Miso
1 EL Hefeflocken

**Für die Suppe:**
1 Honigmelone
3 große Tomaten
80 g Hirseflocken
10 Basilikumblättchen
2 EL Sherry-Essig
1 TL mildes Currypulver
2 MSP gemahlenes Piment
200 ml Soja- oder Hafersahne
Meersalz
grüne Chilisauce

- Für die **Croûtons** die Baguettescheiben würfeln.
- Zwei Esslöffel Olivenöl in der Pfanne erhitzen und die Baguettewürfel darin von allen Seiten anbräunen.
- Miso mit einem Esslöffel Öl verrühren und über die Croûtons geben.
- Mit den Hefeflocken überstreuen und alles gut vermischen.
- Für die **Suppe** die Honigmelone halbieren und die Kerne sowie Fasern entfernen.
- Danach die Melonenhälften in Spalten schneiden und die Schale großzügig wegschneiden. Das Fruchtfleisch grob würfeln und in den Mixbehälter der Küchenmaschine geben.
- Die Tomaten grob würfeln und mit den Hirseflocken, dem Basilikum, Essig, Currypulver und Piment ebenfalls in den Mixbehälter geben.
- Das Ganze gut pürieren, bis keine Stückchen mehr vorhanden sind.
- Die Suppe in eine Schüssel umfüllen und die Sojasahne unterrühren.
- Mit Salz und ein paar Spritzern grüner Chilisauce abschmecken und die gut gekühlte Suppe mit den Croûtons überstreut servieren.

## Karotten-Paprika-Suppe mit Cashewsahne

3 große rote Paprika
3 kleine Frühlingszwiebeln
4 Karotten (etwa 400 g)
1 EL Rapsöl
450 ml Gemüsebrühe
500 ml Soja- oder Reisdrink
100 ml trockener Sherry oder Weißwein
    ersatzweise ungesüßter Apfelsaft
2 Tomaten
100 g Fadennudeln
1 EL Balsamico-Essig
2 EL fein gehackter Thymian
1 EL fein gehackter Rosmarin
1 TL mildes Paprikapulver
Meersalz
frisch gemahlener schwarzer Pfeffer

### Für die Cashewsahne:
100 g geröstete und gesalzene Cashewkerne
Saft einer halben Zitrone
100 ml Wasser

- Die Paprika halbieren und entkernen. Dann bei 200 °C im Backofen etwa zwanzig Minuten rösten, bis die Haut braun wird und Blasen wirft.
- Die Paprika aus dem Backofen nehmen, mit einem feuchten Geschirrtuch bedecken und etwas abkühlen lassen. Danach die Häute abziehen und die Paprika grob würfeln.
- Die Frühlingszwiebeln in feine Scheiben schneiden, die Karotten würfeln.
- Die Frühlingszwiebeln im heißen Rapsöl glasig dünsten. Dann die Karotten sowie die Gemüsebrühe hinzufügen und das Gemüse in etwa fünfzehn Minuten weich kochen.

# Suppen und Eintöpfe

- Den Topf vom Herd nehmen und das Gemüse mit dem Pürierstab pürieren.
- Die Paprika sowie den Sojadrink hinzufügen und nochmals pürieren.
- Den Topf zurück auf den Herd geben, den Sherry unterrühren und die Suppe zum Kochen bringen. Zwei bis drei Minuten kochen, dann die Temperatur reduzieren.
- Die Tomaten fein würfeln und zusammen mit den Fadennudeln, dem Balsamico-Essig, den Kräutern und dem Paprikapulver in den Topf geben.
- Die Suppe nochmals etwa acht Minuten köcheln lassen, bis die Fadennudeln bissfest gegart sind.
- Danach mit Salz und Pfeffer abschmecken.
- Für die **Cashewsahne** die Cashewkerne im Mixbehälter der Küchenmaschine staubfein zerkleinern.
- Den Zitronensaft und das Wasser hinzufügen und zu einer glatten Creme pürieren.
- Die Suppe auf Teller verteilen und jede Portion mit einem ordentlichen Klecks Cashewsahne anreichern.

 Wenn es schnell gehen soll, kann auch geröstete und eingelegte Paprika aus dem Glas verwendet werden.

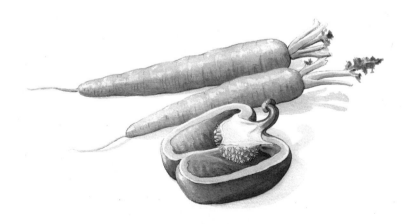

## Kürbiscremesuppe

1 Zwiebel
2 EL Rapsöl
1 kg Hokkaidokürbis
1 Banane
1 walnussgroßes Stück Ingwer
300 ml Gemüsebrühe
Saft von 2 großen Orangen
400 ml Kokosmilch
2 TL mildes Currypulver
½ TL gemahlene Kurkuma
3 MSP gemahlenes Piment
3 MSP gemahlener Zimt
1 EL weiße Balsamicocreme
½ Bund glatte Petersilie
6 EL Kürbiskerne
2 EL Kürbiskernöl
Meersalz
frisch gemahlener weißer Pfeffer

- Die Zwiebel schälen und fein hacken und im heißen Rapsöl im Topf anschwitzen.
- Den Hokkaidokürbis gründlich waschen (nicht schälen!), dann halbieren und die Kerne und Fasern entfernen.
- Das Kürbisfleisch würfeln und zu den Zwiebeln in den Topf geben.
- Drei bis vier Minuten scharf anbraten, dann die geschälte und in Scheiben geschnittene Banane sowie den grob gehackten Ingwer hinzufügen.
- Mit der Gemüsebrühe ablöschen und den Kürbis in etwa zwanzig Minuten weich kochen.
- Den Topf vom Herd nehmen und die Suppe mit dem Pürierstab pürieren.
- Den Orangensaft und die Kokosmilch hinzufügen und nochmals pürieren.
- Das Currypulver, die Kurkuma, das Piment, den Zimt und die Balsamicocreme unterrühren.

- Die Suppe zurück auf den Herd geben. Zum Kochen bringen, einmal aufwallen lassen, dann die Temperatur reduzieren und gut fünf Minuten köcheln lassen.
- In der Zwischenzeit die Petersilie kurz abbrausen, trockentupfen und fein hacken.
- Die Kürbiskerne in der trockenen Pfanne kurz anrösten.
- Dann die Pfanne vom Herd nehmen und die Petersilie sowie das Kürbiskernöl zu den Kürbiskernen geben.
- Die Suppe mit Salz und Pfeffer abschmecken.
- Suppe auf vier Suppenteller verteilen und die angemachten Kürbiskerne darüber verteilen.

## Lauchcremesuppe mit Birnenwürfeln

### Für die Suppe:
1 kleine Zwiebel
1 EL Rapsöl
3 Stangen Lauch
2 Kartoffeln
400 ml Gemüsebrühe
150 ml Soja- oder Hafersahne
1 EL Weißweinessig
2 EL fein gehackte Petersilie
2 EL fein gehackter Schnittlauch
1 EL fein gehackter Dill
1 EL fein gehackter Kerbel
Meersalz
frisch gemahlener weißer Pfeffer

### Für die Birnenwürfel:
3 Scheiben Knäckebrot
2 EL Rapsöl
1 kleine Birne
1 EL Hefeflocken
1 EL Shiro Miso
2 – 3 MSP mildes Currypulver
frisch gemahlener schwarzer Pfeffer

- Für die **Suppe** die Zwiebel schälen und fein hacken und im Topf im heißen Rapsöl anschwitzen.
- Den Lauch putzen, der Länge nach halbieren, dann in Halbmonde schneiden. Zu der Zwiebel in den Topf geben und ebenfalls anschwitzen.
- Die Kartoffeln schälen, würfeln und in den Topf geben.
- Das Lauchgemüse mit der Gemüsebrühe übergießen und in etwa fünfzehn Minuten sehr weich kochen.
- Danach den Topf vom Herd nehmen und das Lauchgemüse mit dem Pürierstab sehr fein pürieren.

# Suppen und Eintöpfe

- Die Sojasahne, den Weißweinessig und die Kräuter unterziehen und die Suppe zurück auf den Herd geben. Fünf Minuten köcheln lassen, dann mit Salz und Pfeffer abschmecken.
- Für die **Birnenwürfel** das Knäckebrot grob zerkrümeln.
- Das Rapsöl in der Pfanne erhitzen und die Knäckebrotkrümel darin schwenken.
- Die Birne vierteln, schälen und entkernen, dann in feine Würfel schneiden.
- Die Birnenwürfel ebenfalls in die Pfanne geben und so lange bei mittlerer Temperatur schmoren, bis sie anfangen, weich zu werden.
- Die Hefeflocken, das Shiro Miso und das Currypulver unterrühren und mit etwas Pfeffer würzen.
- Die Suppe auf vier Suppenteller verteilen, mit den Birnenwürfeln überstreuen und servieren.

## Maronencremesuppe mit Nuss-Crème-fraîche

1 Zwiebel
1 EL Rapsöl
200 g Weißkohl
1 große Kartoffel
200 g gegarte Maronen
150 g rote Linsen
500 ml Gemüsebrühe
500 ml Soja- oder Reisdrink
50 ml halbtrockener Sherry
  ersatzweise Apfelsaft
2 EL Sherry-Essig
1 EL Ketjap Manis (süße Sojasauce)
1 EL Sojasauce
2 TL mildes Currypulver
½ Bund krause Petersilie
1  haselnussgroßes Stück Ingwer
Meersalz
frisch gemahlener schwarzer Pfeffer

### Für die Nuss-Crème-fraîche:
100 g Walnusskerne
200 ml Soja- oder Hafersahne
2 EL Shiro Miso
1 EL weiße Balsamicocreme
1 MSP frisch gemahlener weißer Pfeffer

- Die Zwiebel schälen und fein hacken und im heißen Rapsöl im Topf anschwitzen.
- Den Weißkohl in feine Streifen schneiden, in den Topf geben und ebenfalls kurz anschwitzen.
- Die Kartoffel schälen und würfeln, die Maronen grob zerkleinern und zusammen mit den roten Linsen ebenfalls in den Topf geben.
- Mit der Gemüsebrühe übergießen und das Gemüse bei mittlerer Temperatur in etwa fünfzehn Minuten weich kochen.

Suppen und Eintöpfe 109

- Den Topf vom Herd nehmen und das Gemüse mit dem Pürierstab pürieren.
- Den Sojadrink hinzufügen und nochmals gründlich pürieren.
- Den Topf zurück auf den Herd geben und den Sherry, den Sherry-Essig, Ketjap Manis, die Sojasauce und das Currypulver unterrühren.
- Die Suppe gut fünf Minuten köcheln lassen.
- In der Zwischenzeit die Petersilie kurz abbrausen, trockentupfen und fein hacken.
- Den Ingwer schälen und ebenfalls fein hacken.
- Die Petersilie und den Ingwer zur Suppe geben. Die Suppe mit Salz und Pfeffer abschmecken und nochmals etwa fünf Minuten köcheln lassen.
- Für die **Nuss-Crème-fraîche** die Walnusskerne mittelfein hacken, dann in der trockenen Pfanne kurz anrösten.
- Die Nüsse abkühlen lasen, dann mit der Sojasahne, dem Miso, der Balsamicocreme und dem Pfeffer verrühren.
- Die Suppe auf vier Suppenteller verteilen und mit jeweils einem Häubchen Nuss-Crème-fraîche versehen.

## Rübencremesüppchen mit Nusswürfeln

**Für die Nusswürfel:**
2 kleine Scheiben helles Landbrot
2 EL Rapsöl
6 EL grob gehackte Haselnusskerne
2 – 3 EL Hefeflocken
1 MSP frisch gemahlener weißer Pfeffer

**Für die Suppe:**
1 Zwiebel
1 EL Rapsöl
3 mittelgroße Kartoffeln
2 kleine Birnen
500 g geschälte Steckrübe
600 ml Gemüsebrühe
½ Bund glatte Petersilie
150 ml Cidre oder milder Apfelwein
   ersatzweise Apfelsaft
100 ml Soja- oder Hafersahne
Meersalz
frisch gemahlener weißer Pfeffer

- Für die **Nusswürfel** das Brot fein würfeln und in der Pfanne im heißen Öl anrösten.
- Die Temperatur etwas reduzieren und die Haselnusskerne sowie die Hefeflocken hinzufügen und mit etwas Pfeffer würzen.
- Das Ganze zwei bis drei Minuten anbraten. Dabei darauf achten, dass die Nüsse nicht am Boden der Pfanne ansetzen, weil sie dann schnell bitter schmecken.
- Danach die Pfanne vom Herd nehmen.
- Für die **Suppe** die Zwiebel schälen und fein hacken und im heißen Öl im Topf glasig dünsten.
- Die Kartoffeln schälen und würfeln.
- Die Birnen vierteln, entkernen, schälen und würfeln.

# Suppen und Eintöpfe

- Die Steckrübe ebenfalls würfeln und zusammen mit den Kartoffeln und den Birnen in den Topf geben.
- Mit der Gemüsebrühe übergießen und alles in etwa zwanzig Minuten weich kochen.
- Den Topf vom Herd nehmen und das Gemüse mit dem Pürierstab pürieren, sodass eine glatte Creme entsteht.
- Die Petersilie kurz abbrausen, trockentupfen und fein hacken.
- Den Topf zurück auf den Herd geben und die Suppe zum Kochen bringen. Danach die Temperatur reduzieren und fünf Minuten köcheln lassen.
- Danach den Cidre, die Sojasahne und die Petersilie unterrühren.
- Die Suppe nochmals zwei bis drei Minuten köcheln lassen, dann mit Salz und Pfeffer abschmecken.
- Die Suppe mit den Nusswürfeln überstreuen und servieren.

> Steckrüben hatten lange Zeit einen mehr als schlechten Ruf, galten sie doch als Viehfutter oder als billiger Magenfüller. Damit tut man den bis zu anderthalb Kilogramm schweren Wurzelknollen Unrecht. Bessere Anbaubedingungen und neue Sorten machen die Steckrübe auch für die feine Küche tauglich. In ihrem hellgelblichen Fleisch verbergen sich nur wenig Kalorien, aber viele Vitamine und Mineralstoffe. Außerdem sind die neuen Sorten im Geschmack nie dominant, sondern passen sich an die anderen Zutaten des Gerichtes an. Beim Rübensüppchen unterstützen sie den feinfruchtigen Geschmack der Birnen und des Cidre. Die Nusswürfel verleihen dem Ganzen ein leckeres, herbstliches Aroma.

### Sahnige Blumenkohlsuppe mit Kräutercroûtons

**Für die Suppe:**
1 Zwiebel
1 EL Rapsöl
2 große Kartoffeln
450 g Blumenkohl
200 ml Gemüsebrühe oder Wasser
6 EL Hirseflocken
2 EL Hefeflocken
1 TL Apfelessig
2 MSP gemahlene Muskatnuss
600 ml Soja- oder Reisdrink
Meersalz
frisch gemahlener weißer Pfeffer

**Für die Kräutercroûtons:**
½ Bund krause Petersilie
2 EL Rapsöl
3 Scheiben Knäckebrot
1 EL fein gehackter Kerbel
1 EL fein gehackter Dill
2 MSP Meersalz

- Für die **Suppe** die Zwiebel schälen und fein hacken und im heißen Rapsöl im Topf glasig dünsten.
- Die Kartoffeln schälen und fein würfeln.
- Die Blumenkohlröschen grob zerteilen.
- Die Kartoffeln, den Blumenkohl sowie die Gemüsebrühe zu der Zwiebel in den Topf geben und das Gemüse in etwa fünfzehn Minuten weich kochen.
- Danach den Topf vom Herd nehmen und das Gemüse mit dem Pürierstab gründlich pürieren.
- Die Hirse- und Hefeflocken, den Apfelessig und die gemahlene Muskatnuss unterrühren.
- Den Sojadrink hinzufügen und die Suppe nochmals pürieren.

Suppen und Eintöpfe

- Die Suppe zurück auf den Herd geben und etwa zehn Minuten köcheln lassen.
- In der Zwischenzeit für die **Kräutercroûtons** die Petersilie kurz abbrausen, trockentupfen und fein hacken.
- Das Rapsöl in einer Pfanne erhitzen.
- Das Knäckebrot grob zerkrümeln und in die Pfanne geben. Zwei bis drei Minuten im Öl schwenken.
- Dann die Kräuter und etwas Salz hinzufügen, weitere zwei Minuten anbraten, dann die Pfanne vom Herd nehmen.
- Die Suppe mit Salz und Pfeffer abschmecken.
- Suppe auf vier Teller verteilen, mit den Croûtons überstreuen und servieren.

## Sauerkrautsuppe mit Pistazienschmand

**Für die Suppe:**
1 Zwiebel
1 – 2 Knoblauchzehen
1 EL Rapsöl
1 rote Paprika
4 Stangen Staudensellerie
500 g Sauerkraut
400 g geschälte Tomaten in Stücken
2 Lorbeerblätter
2 – 3 MSP Kümmel
200 ml Gemüsebrühe
600 ml Soja- oder Reisdrink
2 EL Zitronensaft
140 g Tomatenmark
100 ml Soja- oder Hafersahne
2 EL Roh-Rohrzucker
1 TL mildes Paprikapulver
½ TL scharfes Paprikapulver
Meersalz

**Für den Pistazienschmand:**
100 g grüne (geschälte) Pistazienkerne
100 ml Soja- oder Reisdrink
4 Stängel Basilikum
frisch gemahlener weißer Pfeffer

- Für die **Suppe** die Zwiebel und den Knoblauch schälen und fein hacken und im Topf im heißen Öl kurz anschwitzen.
- Die Paprika würfeln, den Staudensellerie in feine Scheiben schneiden. Ebenfalls in den Topf geben und kurz anschwitzen.
- Das Sauerkraut etwas abtropfen lassen und zusammen mit den geschälten Tomaten, den Lorbeerblättern, dem Kümmel und der Gemüsebrühe in den Topf geben. Alles fünfzehn Minuten schmoren.
- Danach den Topf vom Herd nehmen und die Lorbeerblätter entfernen.

# Suppen und Eintöpfe

- Den Sojadrink mit dem Zitronensaft verrühren und beides in den Topf geben.
- Die Suppe mit dem Pürierstab grob zerkleinern, sodass sie noch etwas stückig bleibt.
- Die Suppe zurück auf den Herd geben und das Tomatenmark, die Sojasahne, den Zucker und das Paprikapulver unterrühren.
- Nochmals zehn Minuten köcheln lassen, dann mit Salz abschmecken.
- Für den **Pistazienschmand** die Pistazien im Mixbehälter der Küchenmaschine staubfein zerkleinern.
- Den Sojadrink und die Basilikumblättchen hinzufügen und nochmals gründlich pürieren, bis eine glatte Creme entstanden ist.
- Mit Pfeffer abschmecken.
- Die Suppe auf vier Suppenteller verteilen und mit dem Pistazienschmand servieren.

## Wirsingcremesuppe auf italienische Art

*1 Zwiebel*
*2 – 3 Knoblauchzehen*
*2 EL Olivenöl*
*4 mittelgroße Kartoffeln*
*700 ml Gemüsebrühe*
*100 g Hirseflocken*
*450 ml Soja- oder Reisdrink*
*2 EL weißes Tahin*
*2 EL weiße Balsamicocreme*
*1 EL milder Senf*
*1 EL weißer Balsamico-Essig*
*300 g Wirsing*
*250 g Kirschtomaten*
*5 EL fein gehacktes Basilikum*
*2 EL fein gehackter Oregano*
*1 TL fein gehacktes Bohnenkraut*
*2 – 3 MSP gemahlene Muskatnuss*
*Meersalz*
*frisch gemahlener weißer Pfeffer*
*frisch gemahlene Chiliflocken*

- Die Zwiebel und den Knoblauch schälen und fein hacken und in einem Esslöffel Olivenöl in einem mittelgroßen Suppentopf glasig dünsten.
- Die Kartoffeln schälen und würfeln, dann zu der Zwiebel in den Topf geben.
- Mit der Gemüsebrühe übergießen und die Kartoffeln in etwa fünfzehn Minuten sehr weich kochen.
- Den Topf vom Herd nehmen, die Hirseflocken dazugeben und alles mit dem Pürierstab zu einer glatten Creme pürieren.
- Den Sojadrink mit dem Tahin, der Balsamicocreme, dem Senf und dem Essig verrühren.
- Zur pürierten Kartoffelcreme in den Topf geben.
- Den Topf zurück auf den Herd geben und bei mittlerer Temperatur und gelegentlichem Rühren warm halten.

Suppen und Eintöpfe

- Den Wirsing in feine Streifen schneiden und in einem zweiten Topf in einem Esslöffel heißem Olivenöl anschwitzen.
- Die Kirschtomaten halbieren, zum Wirsing geben und ebenfalls kurz anschwitzen. Das Gemüse sollte danach noch etwas »Biss« haben.
- Das angeschwitzte Gemüse zur Kartoffelcreme in den Topf geben und vorsichtig unterziehen.
- Die Suppe kurz zum Kochen bringen, dann die Temperatur reduzieren und die gehackten Kräuter und die gemahlene Muskatnuss unterrühren.
- Die Suppe nochmals drei bis vier Minuten köcheln lassen, dann mit Salz, Pfeffer und gemahlenen Chiliflocken herzhaft abschmecken und servieren.

## Zucchini-Tomaten-Suppe mit Blauschimmelkäsearoma

1 mittelgroße Zwiebel
1 EL Rapsöl
200 g Kartoffeln
3 kleine Zucchini (etwa 400 g)
400 ml Gemüsebrühe
200 ml Soja- oder Reisdrink
4 Tomaten
3 (rote) Salbeiblättchen
150 ml Soja- oder Hafersahne
3 EL Tomatenmark
2 EL Genmai Miso
2 EL Hefeflocken
2 EL Sojasauce
1 EL Zitronensaft
1 EL Zuckerrübensirup
50 ml trockener Rotwein
    ersatzweise alkoholfreier Rotwein
Meersalz
frisch gemahlener weißer Pfeffer
frisch gemahlene Chiliflocken
4 EL fein gehackter Schnittlauch

- Die Zwiebel schälen und fein hacken und im heißen Rapsöl im Topf glasig dünsten.
- Die Kartoffeln schälen und würfeln.
- Die Zucchini ebenfalls würfeln.
- Die Kartoffeln und Zucchini zu der Zwiebel in den Topf geben und mit der Gemüsebrühe übergießen.
- Das Gemüse in etwa fünfzehn Minuten sehr weich kochen.
- Den Topf vom Herd nehmen und das Gemüse mit dem Pürierstab pürieren.
- Den Sojadrink dazugeben und nochmals pürieren.
- Die Tomaten würfeln, den Salbei fein hacken.

Suppen und Eintöpfe

- Beides in den Topf geben und die Suppe zum Kochen bringen. Einmal aufwallen lassen, dann die Temperatur reduzieren und die Suppe fünf Minuten köcheln lassen.
- In der Zwischenzeit die Sojasahne mit dem Tomatenmark, Miso, den Hefeflocken, der Sojasauce, dem Zitronensaft und Zuckerrübensirup verrühren.
- Den Rotwein ebenfalls unterrühren.
- Das Ganze in die Suppe geben und die Suppe nochmals zum Kochen bringen. Die Suppe zwei bis drei Minuten kochen lassen, dann die Herdplatte ausschalten.
- Die Suppe mit Salz, Pfeffer und Chiliflocken abschmecken und vor dem Servieren den Schnittlauch unterrühren.

## Zwiebelsuppe mit überbackenem Toast

**Für die Suppe:**
4 mittelgroße Zwiebeln
Öl für die Auflaufform
150 ml Gemüsebrühe
2 Lorbeerblätter
2 Salbeiblättchen
2 durchgepresste Knoblauchzehen (nach Wahl)
150 ml Riesling
    ersatzweise alkoholfreier Sekt oder ungesüßter Apfelsaft
1 TL Roh-Rohrzucker
3 EL Weizenmehl (Type 1050)
1,25 l kochend heißes Wasser
2 TL gekörnte Gemüsebrühe
1 TL getrockneter Thymian
1 EL Weißweinessig
4 EL fein gehackte krause Petersilie
Meersalz
frisch gemahlener weißer Pfeffer

**Für den Toast:**
4 Scheiben Vollkorntoast
1 EL Rapsöl
3 EL Weizenmehl (Type 1050)
200 ml heißer Soja- oder Reisdrink
1 EL milder Senf
1 TL grobkörniger Senf
1 EL Tahin
2 EL Tomatenmark
2 EL Hefeflocken
Meersalz

# Suppen und Eintöpfe

- Für die **Suppe** die Zwiebeln schälen und halbieren, dann in eine gefettete Auflaufform legen. Mit der Gemüsebrühe übergießen und im Backofen bei 200 °C in etwa sechzig Minuten garen. Dabei die Zwiebeln mindestens einmal wenden.

- Die weich gegarten Zwiebeln in Spalten schneiden und in einen Topf geben.

- Die Lorbeer- und Salbeiblätter sowie die Knoblauchzehen hinzufügen und mit dem Riesling übergießen.

- Zum Kochen bringen und so lange bei mittlerer Temperatur und gelegentlichem Rühren kochen, bis der Wein verkocht ist.

- Die Zwiebeln mit dem Zucker überstreuen und so lange rühren, bis der Zucker sich komplett aufgelöst hat.

- Das Mehl dazugeben und ebenfalls gut unterrühren, dann das Wasser dazugießen.

- Die gekörnte Gemüsebrühe, den Thymian und Weißweinessig hinzufügen und die Suppe etwa fünfzehn Minuten köcheln lassen.

- Danach die Petersilie unterrühren und die Suppe herzhaft mit Salz und Pfeffer abschmecken.

- Für den **Toast** die Toastscheiben im Toaster oder Backofen goldbraun rösten.

- Das Rapsöl in einem kleinen Topf erhitzen, dann das Mehl dazugeben und gut verrühren.

- Nach und nach in kleinen Portionen und unter ständigem Rühren den Sojadrink hinzufügen. So lange rühren, bis sich alle Klümpchen aufgelöst haben.

- Den Senf, das Tahin, Tomatenmark und die Hefeflocken unterrühren und die Creme mit etwas Salz abschmecken.

- Die Creme einmal aufkochen lassen, dann die Toastscheiben damit bestreichen.

- Die Toastscheiben im Backofen bei **maximaler Oberhitze oder Grillfunktion** fünf bis zehn Minuten überbacken, bis die Creme etwas angebräunt ist.

- Die Toastscheiben vierteln und auf vier Suppenteller verteilen. Mit der Suppe übergießen und sofort servieren.

# Hauptgerichte

## *Bandnudeln mit Cashewricottasauce*

*1 kg reife Tomaten*
*1 Zwiebel*
*2 – 3 Knoblauchzehen*
*1 große Karotte*
*2 EL Olivenöl*
*150 ml trockener Rotwein*
      *ersatzweise Tomatensaft mit 1 EL Balsamico-Essig*
*500 g Bandnudeln*
*Meersalz*
*100 g geröstete und gesalzene Cashewkerne*
*200 g Tofu (natur)*
*1 EL Weißweinessig*
*12 Basilikumblättchen*
*150 ml Gemüsebrühe*
*4 EL Tomatenmark*
*frisch gemahlener weißer Pfeffer*

- Die Tomaten an den Stielansätzen kreuzförmig einschneiden, mit heißem Wasser überbrühen und zehn Minuten ruhen lassen. Dann enthäuten und das Fruchtfleisch würfeln.
- Die Zwiebel und die Knoblauchzehen schälen und fein hacken, die Karotte würfeln.
- Die Zwiebel und den Knoblauch im Olivenöl anschwitzen, dann die Karotte dazugeben und ebenfalls zwei bis drei Minuten anschwitzen.
- Die gewürfelten Tomaten sowie den Rotwein hinzufügen und gut vermischen.
- Die Sauce bei mittlerer Temperatur und gelegentlichem Rühren in etwa zwanzig Minuten um die Hälfte einkochen.
- In der Zwischenzeit die Bandnudeln in reichlich Salzwasser bissfest kochen, abgießen, zurück in den Topf geben und warm halten.

# Hauptgerichte

- Die Cashewkerne im Mixbehälter der Küchenmaschine staubfein zerkleinern.
- Den Tofu kurz abbrausen, in Küchenkrepp einschlagen und vorsichtig das überschüssige Wasser auspressen. Danach den Tofu grob würfeln.
- Zusammen mit dem Essig und dem Basilikum in den Mixbehälter geben und alles gründlich pürieren.
- Den Cashewricotta zu den Tomaten in den Topf geben und die Gemüsebrühe sowie das Tomatenmark hinzufügen.
- Die Sauce mit Salz und Pfeffer abschmecken. Nochmals etwa fünf Minuten köcheln lassen, dann zu den Bandnudeln servieren.

> Original italienische Ricottasaucen sind meistens etwas dünnflüssig. Mir schmecken sie dagegen eher etwas sämiger. Bestimmen Sie selbst, welche Variante Ihnen lieber ist, indem Sie entweder die Tomatensauce nicht so lange einkochen lassen oder nach Ihrem Geschmack mehr oder weniger Gemüsebrühe hinzufügen.

## Brokkoliauflauf mit Chili und Couscous

350 g Instantcouscous
½ TL Meersalz
400 ml kochend heißes Wasser
4 EL Olivenöl
1 große Zwiebel
2 Knoblauchzehen
1 rote Paprika
1 rote Chilischote
1 große Karotte
600 g Brokkoli
4 EL Weizenmehl (Type 1050)
100 ml Gemüsebrühe
½ Bund glatte Petersilie
3 – 4 EL Sojasauce
1 EL Weißweinessig
3 MSP gemahlene Muskatnuss
Meersalz
frisch gemahlener weißer Pfeffer
Öl für die Auflaufform

**Für die Käsesauce:**
100 g Hirseflocken
20 g Hefeflocken
350 ml heißer Soja- oder Reisdrink
1 EL milder Senf
1 EL Senf auf provenzalische Art
Meersalz
3 EL Semmelbrösel
½ TL mildes Paprikapulver

- Den Instantcouscous mit dem Salz vermischen. Mit dem kochend heißen Wasser übergießen, zwei Esslöffel Olivenöl hinzufügen und alles gut verrühren.

# Hauptgerichte

- Den Couscous mit aufgelegtem Topfdeckel so lange ausquellen lassen, bis die restlichen Zutaten fertig zubereitet sind.
- Die Zwiebel und die Knoblauchzehen schälen und fein hacken und in den verbliebenen zwei Esslöffel Olivenöl glasig dünsten.
- Die Paprika und die Chilischote fein würfeln.
- Die Karotte in dünne Stifte schneiden, die Brokkoliröschen mundgerecht zerkleinern.
- Das Gemüse in der Reihenfolge Paprika und Chilischote, dann Karotte und danach die Brokkoliröschen in den Topf geben und bissfest garen.
- Das Gemüse mit dem Weizenmehl überstäuben. Die Gemüsebrühe hinzufügen und gut verrühren.
- Die Petersilie kurz abbrausen, trockentupfen und fein hacken.
- Die Petersilie zusammen mit der Sojasauce, dem Weißweinessig und der gemahlenen Muskatnuss zum Gemüse geben. Nochmals zwei bis drei Minuten köcheln lassen, dann mit Salz und Pfeffer abschmecken.
- Den Couscous mit einer Gabel auflockern, dann in eine gefettete Auflaufform geben und glatt streichen.
- Das Gemüse darüber verteilen.
- Für die **Käsesauce** die Hirse- und Hefeflocken in ein hochwandiges Rührgefäß geben und mit dem heißen Sojadrink übergießen.
- Mit dem Pürierstab zu einer glatten Creme verarbeiten.
- Den Senf unterrühren und die Sauce mit Salz abschmecken.
- Die Sauce über das Gemüse geben. Mit den Semmelbröseln und dem Paprikapulver überstreuen.
- Den Auflauf im Backofen bei 200 °C etwa dreißig Minuten backen, bis die Oberfläche leicht gebräunt ist.

## Cannelloni mit Tofuricotta und Cremesauce

**Für die Füllung:**
2 mittelgroße Zwiebeln
4 Karotten
2 EL Rapsöl
400 g Tofu (natur)
3 EL Weizenmehl (Type 1050)
2 EL Zitronensaft
1 TL gemahlene Kurkuma
4 EL fein gehackte krause Petersilie
Meersalz
frisch gemahlener weißer Pfeffer

250 g Cannelloni ohne Vorkochen
Öl für die Auflaufform

**Für die Tomatensauce:**
2 – 3 Knoblauchzehen
1 EL Olivenöl
800 g geschälte Tomaten in Stücken
280 g Tomatenmark
100 ml trockener Rotwein
    ersatzweise Tomatensaft
1 EL Balsamico-Essig
2 EL fein gehacktes Basilikum
2 EL fein gehackter Oregano
1 EL fein gehackter Majoran

**Für die Käsecremesauce:**
3 EL Margarine
5 EL Weizenmehl (Type 1050)
400 ml heißer Soja- oder Reisdrink
3 – 4 EL Hefeflocken
2 EL milder Senf
1 EL Apfelessig

Hauptgerichte

- Für die **Füllung** die Zwiebeln schälen und fein hacken, die Karotten raspeln.
- Das Rapsöl in einer Pfanne erhitzen und die Zwiebeln darin glasig dünsten.
- Die Karotten dazugeben und weich dünsten. Die Pfanne vom Herd nehmen und das Gemüse etwas abkühlen lassen.
- Den Tofu kurz abbrausen, in Küchenkrepp einschlagen und vorsichtig das überschüssige Wasser auspressen. Danach mit den Fingerspitzen oder einer Gabel fein zerkrümeln.
- Das Weizenmehl, den Zitronensaft, die Kurkuma und Petersilie unterrühren.
- Die Zwiebeln und Karotten zum Tofu geben und gut vermischen.
- Die Masse herzhaft mit Salz und Pfeffer abschmecken und in die Cannelloni füllen.
- Für die **Tomatensauce** den Knoblauch schälen und fein hacken und im Olivenöl anschwitzen.
- Die geschälten Tomaten, das Tomatenmark und den Rotwein dazugeben und etwa zehn Minuten köcheln lassen.
- Dann den Balsamico-Essig sowie die Kräuter unterrühren und die Sauce mit Salz und Pfeffer abschmecken.
- Die Hälfte der Tomatensauce auf dem Boden einer gefetteten Auflaufform verstreichen.
- Die gefüllten Cannelloni in die Auflaufform geben und mit dem Rest der Sauce bedecken.
- Für die **Käsecremesauce** die Margarine zum Schmelzen bringen und das Mehl einrühren.
- Unter ständigem Rühren nach und nach den Sojadrink hinzufügen und so lange rühren, bis die Sauce schön cremig und ohne Klümpchen ist.
- Die Hefeflocken, den Senf und Apfelessig unterrühren und die Sauce einmal aufkochen lassen.
- Danach die Käsecremesauce mit Salz abschmecken und über die Cannelloni geben.
- Die Cannelloni bei 200 °C im Backofen etwa fünfunddreißig Minuten garen, bis die Käsecremesauce leicht gebräunt ist.

## Trauben-Baguette-Auflauf

400 g Baguette oder Ciabatta (gern vom Vortag)
Öl für die Auflaufform
200 g kernlose grüne Trauben
150 g Walnusskerne
500 ml Soja- oder Reisdrink
250 g gekochte weiße Bohnen
20 g Hefeflocken
5 EL Kichererbsenmehl
½ Bund krause Petersilie
1 EL Apfelessig
1 TL gemahlene Kurkuma
1 TL mildes Paprikapulver
½ TL scharfes Paprikapulver
3 MSP gemahlene Muskatnuss
Meersalz

- Das Baguette in Scheiben schneiden und in eine gefettete Auflaufform schichten.
- Die Trauben halbieren und darüber verteilen.
- Von den Walnusskernen 100 Gramm grob hacken und das Baguette damit bestreuen.
- Die restlichen 50 Gramm in ein hochwandiges Rührgefäß geben, mit 200 Milliliter Sojadrink übergießen und mit dem Pürierstab pürieren.
- Die Bohnen, Hefeflocken, das Kichererbsenmehl und den restlichen Sojadrink hinzufügen und nochmals gründlich pürieren, bis eine glatte Creme entstanden ist.
- Die Petersilie kurz abbrausen, trockentupfen und fein hacken.
- Zusammen mit dem Apfelessig, der Kurkuma, dem Paprikapulver und der gemahlenen Muskatnuss unterrühren.
- Die Sauce herzhaft mit Salz abschmecken und über das Brot gießen.
- Den Baguetteauflauf im Backofen bei 200 °C etwa fünfunddreißig Minuten backen.

# Hauptgerichte

## *Cremig gefüllte Ofenkartoffeln*

*8 große Kartoffeln*
*Meersalz*
*4 kleine Zwiebeln*
*2 EL Rapsöl*
*100 ml Soja- oder Reisdrink*
*8 EL Hefeflocken*
*2 EL milder Senf*
*4 EL fein gehackter Schnittlauch*
*3 MSP gemahlene Muskatnuss*
*1 TL gemahlene Kurkuma*
*8 EL gegarter Gemüsemais*
*frisch gemahlener weißer Pfeffer*
*Öl für die Auflaufform*

- Die Kartoffeln unter fließendem Wasser gründlich abbürsten, dann mit der Schale in reichlich Salzwasser gut bissfest garen. Die Kartoffeln sollten weich sein, aber nicht zerfallen.
- In der Zwischenzeit die Zwiebeln schälen und fein hacken und im heißen Öl glasig dünsten.
- Die Kartoffeln etwas auskühlen lassen, dann halbieren und die Kartoffeln mit einem Löffel aushöhlen.
- Die Kartoffelmasse mit einer Gabel zermusen.
- Dann die Zwiebeln, den Sojadrink, die Hefeflocken, den Senf, Schnittlauch, die Muskatnuss und Kurkuma unterrühren.
- Den Mais dazugeben und die Kartoffelmasse herzhaft mit Salz und Pfeffer abschmecken.
- Die Kartoffelmasse in die ausgehöhlten Kartoffelhälften füllen und im Backofen bei 200 °C etwa vierzig Minuten backen, bis die Oberflächen leicht gebräunt sind.

 Einen grünen Salat dazu servieren.

### Erbsen-Käse-Makkaroni

500 g kurze Makkaroni
Meersalz
1 große Zwiebel
1 – 2 Knoblauchzehen
1 EL Rapsöl
500 g grüne Erbsen (frisch oder tiefgekühlt)
200 ml Gemüsebrühe
4 EL Speisestärke
25 g Hefeflocken
2 EL milder Senf
250 ml Soja- oder Reisdrink
2 EL Shiro Miso
1 EL weißes Tahin
1 EL Apfelessig
1 TL gemahlene Kurkuma
2 – 3 MSP gemahlene Muskatnuss
½ Bund krause Petersilie
3 EL fein gehackter Schnittlauch
frisch gemahlener weißer Pfeffer
3 MSP scharfes Paprikapulver
Öl für die Auflaufform
3 EL Kichererbsenmehl
2 EL geschälte Sesamsamen

- Die Makkaroni in reichlich Salzwasser bissfest kochen, dann abgießen, zurück in den Topf geben und warm halten.
- Die Zwiebel und die Knoblauchzehen schälen und fein hacken und im heißen Rapsöl im Topf glasig dünsten.
- Die Erbsen sowie die Gemüsebrühe hinzufügen und die Erbsen in der Brühe garen.
- Danach die Erbsen mit der Speisestärke überstreuen, die Hefeflocken und den Senf hinzufügen und alles gut untermischen.

# Hauptgerichte

- Den Sojadrink, das Miso, Tahin, den Apfelessig, die Kurkuma und gemahlene Muskatnuss dazugeben und die Sauce unter gelegentlichem Rühren etwa fünf Minuten köcheln lassen.
- In der Zwischenzeit die Petersilie kurz abbrausen, trockentupfen und fein hacken.
- Die Petersilie und den Schnittlauch zur Sauce geben.
- Die Sauce mit den Makkaroni vermischen und herzhaft mit Salz, Pfeffer und scharfem Paprikapulver abschmecken.
- Die Nudelmasse in eine gefettete Auflaufform geben und glatt streichen.
- Mit dem Kichererbsenmehl und den Sesamsamen überstreuen.
- Im Backofen bei 200 °C zwanzig bis fünfundzwanzig Minuten backen, bis die Oberfläche leicht gebräunt ist.

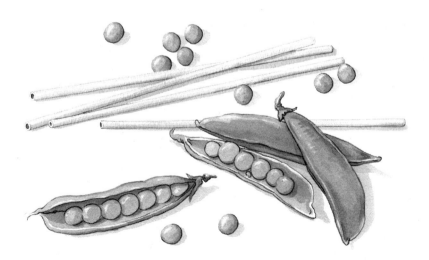

## Griechischer Auberginenauflauf

*für vier bis sechs Personen*

*800 g Kartoffeln*
*Meersalz*
*1 große Aubergine*
*Olivenöl*
*1 Zwiebel*
*2 Knoblauchzehen*
*1 EL Olivenöl*
*60 g Grünkernschrot*
*400 g geschälte Tomaten in Stücken*
*200 ml Gemüsebrühe*
*4 EL Tomatenmark*
*2 TL getrocknete Kräuter der Provence*
*1 TL Roh-Rohrzucker*
*frisch gemahlener schwarzer Pfeffer*
*Olivenöl für die Auflaufform*
*3 Tomaten*

**Für die Béchamelsauce:**
*2 EL Margarine*
*4 EL Weizenmehl (Type 1050)*
*300 ml heißer Soja- oder Reisdrink*
*4 EL Hefeflocken*
*2 EL milder Senf*
*3 MSP gemahlene Muskatnuss*
*½ Bund glatte Petersilie*
*frisch gemahlener weißer Pfeffer*

*4 EL grob gehackte Pinienkerne*
*2 EL Semmelbrösel*

- Die Kartoffeln in reichlich Salzwasser als Pellkartoffeln kochen, abgießen und etwas abkühlen lassen. Danach pellen und in Scheiben schneiden.

Hauptgerichte                                                                133

- Die Aubergine der Länge nach halbieren, dann in dünne Scheiben schneiden.
- Die Auberginenscheiben im Olivenöl von beiden Seiten in der Pfanne braten.
- Die Zwiebel und den Knoblauch schälen und fein hacken und in einem mittelgroßen Topf im heißen Olivenöl glasig dünsten.
- Den Grünkernschrot dazugeben, kurz anschwitzen, dann mit den geschälten Tomaten ablöschen. Die Gemüsebrühe, das Tomatenmark, die Kräuter der Provence sowie den Zucker unterrühren und die Tomatensauce zehn Minuten köcheln lassen. Danach die Sauce mit Salz und Pfeffer abschmecken.
- Die Hälfte der Kartoffelscheiben in eine große, gefettete Auflaufform geben. Mit Salz und Pfeffer würzen.
- Die Hälfte der Auberginenscheiben darauf verteilen, mit Salz und Pfeffer würzen, und die Hälfte der Tomatensauce darüberstreichen.
- Die restlichen Kartoffelscheiben, dann die restlichen Auberginenscheiben und die restliche Tomatensauce darauf verteilen. Die Kartoffeln und Auberginen jeweils mit Salz und Pfeffer würzen.
- Die Tomaten in dünne Scheiben schneiden und auf die Tomatensauce geben.
- Für die **Béchamelsauce** die Margarine in einem kleinen Topf zum Schmelzen bringen. Das Weizenmehl dazugeben und mit einem Schneebesen gut verrühren.
- Nach und nach und unter ständigem Rühren den Sojadrink dazugießen. So lange rühren, bis keine Klümpchen mehr vorhanden sind.
- Dann die Hefeflocken, den Senf und die gemahlene Muskatnuss unterrühren.
- Die Sauce unter ständigem Rühren zum Kochen bringen, dann die Temperatur reduzieren und zwei bis drei Minuten köcheln lassen.
- Die Petersilie kurz abbrausen, trockentupfen und fein hacken.
- Die Petersilie unterrühren und die Sauce mit Salz und Pfeffer abschmecken.
- Die Sauce über die Tomatenscheiben gießen und glatt streichen.
- Den Auflauf mit den Pinienkernen und den Semmelbröseln überstreuen und im Backofen bei 200 °C etwa fünfzig Minuten garen.

## Hirtenauflauf auf britische Art

1 kg Kartoffeln
Meersalz
250 ml Soja- oder Reisdrink
4 EL Hefeflocken
2 EL milder Senf
1 TL gemahlene Kurkuma
3 MSP gemahlene Muskatnuss
1 Zwiebel
2 EL Rapsöl
1 Stange Lauch
3 Karotten
3 Stangen Staudensellerie
1 rote Paprika
200 g rote Linsen
3 Tomaten
½ TL Fenchelsamen
2 Lorbeerblätter
200 ml Gemüsebrühe
6 EL Tomatenmark
3 EL Sojasauce
2 EL fein gehackter Majoran
1 EL fein gehackter Kerbel
frisch gemahlener schwarzer Pfeffer
Öl für die Auflaufform
4 EL Semmelbrösel
3 – 4 EL streichfähige Margarine

- Die Kartoffeln schälen, würfeln und in Salzwasser sehr weich kochen.
- Dann das Wasser abgießen, den Sojadrink hinzugießen und die Kartoffeln mit einem Kartoffelstampfer zu Brei zerstampfen.
- Die Hefeflocken, den Senf, die Kurkuma und gemahlene Muskatnuss unterrühren und den Kartoffelbrei mit Salz abschmecken.
- Die Zwiebel schälen und fein hacken und im Topf im heißen Rapsöl anschwitzen.

# Hauptgerichte

- Den Lauch der Länge nach halbieren, dann in Halbmonde schneiden.
- Die Karotten schälen und in Stifte schneiden, den Staudensellerie und die Paprika würfeln.
- Das Gemüse in der Reihenfolge Lauch und Karotten, Paprika und Staudensellerie in den Topf geben und jeweils zwei Minuten anschwitzen.
- Die roten Linsen und Tomaten sowie die Fenchelsamen und Lorbeerblätter unterrühren und die Gemüsebrühe hinzufügen. Das Gemüse etwa zehn Minuten köcheln lassen, bis die Linsen weich sind.
- Danach das Tomatenmark, die Sojasauce und die Kräuter unterrühren.
- Das Gemüse nochmals zwei bis drei Minuten köcheln lassen, dann mit Salz und Pfeffer abschmecken. Die Lorbeerblätter entfernen.
- Das Gemüse in eine gefettete Auflaufform geben. Den Kartoffelbrei darüber verteilen und glatt streichen.
- Mit den Semmelbröseln überstreuen. Die Margarine in Flöckchen darauf verteilen.
- Den Hirtenauflauf bei 200 °C im Backofen etwa dreißig Minuten backen, bis die Oberfläche leicht gebräunt ist.

## Karottengratin mit knusprigen Kartoffelspalten

**Für die Kartoffelspalten:**
6 große Kartoffeln
3 EL Hefeflocken
3 EL Kichererbsenmehl
2 – 3 EL Rapsöl
1 Knoblauchzehe
2 TL mildes Paprikapulver
½ TL gemahlene Kurkuma
Meersalz
frisch gemahlener schwarzer Pfeffer

**Für das Karottengratin:**
1 Zwiebel
1 EL Rapsöl
500 g Karotten
150 ml Gemüsebrühe
4 EL Weizenmehl (Type 1050)
2 MSP gemahlene Muskatnuss
1 EL Apfelessig
3 EL fein gehackte krause Petersilie
1 EL fein gehackter Kerbel
Meersalz
frisch gemahlener schwarzer Pfeffer
Öl für die Auflaufform
2 Vollkornzwiebäcke
50 g gemahlene Haselnusskerne
2 EL Hefeflocken

- Für die **Kartoffelspalten** die Kartoffeln unter fließendem Wasser abbürsten, mit Küchenkrepp trocknen und danach in Spalten schneiden.
- In einer Schüssel mit den Hefeflocken, dem Kichererbsenmehl, dem Rapsöl, der durchgepressten Knoblauchzehe, dem Paprikapulver und der Kurkuma gut vermengen (geht am besten mit den Händen).
- Mit Salz und Pfeffer würzen.

Hauptgerichte 137

- Die Kartoffelspalten auf ein mit Backpapier ausgelegtes Backblech legen und im Backofen bei 200 °C etwa fünfundvierzig Minuten backen, bis die Kartoffelspalten innen weich und außen knusprig sind.
- Für das **Karottengratin** die Zwiebel schälen und fein hacken und im heißen Rapsöl anschwitzen.
- Die Karotten in Stifte schneiden und zu der Zwiebel in den Topf geben. Ebenfalls zwei bis drei Minuten anschwitzen, dann mit der Gemüsebrühe übergießen und die Karotten mit aufgelegtem Deckel in etwa fünf Minuten bissfest garen.
- Die Karotten mit dem Weizenmehl und der gemahlenen Muskatnuss überstäuben, den Apfelessig hinzufügen und alles gut vermischen.
- Die Kräuter unterrühren und das Gemüse mit Salz und Pfeffer abschmecken. Danach in eine gefettete Auflaufform geben und glatt streichen.
- Für die Kruste die Vollkornzwiebäcke fein zerkrümeln.
- Die Zwiebackkrümel mit den Haselnusskernen und den Hefeflocken vermischen und über die Karotten streuen.
- Das Karottengratin im Backofen bei 200 °C zwanzig Minuten garen, bis die Kruste leicht gebräunt ist. Zusammen mit den Kartoffelspalten servieren.

## Kürbisauflauf mit käsiger Kruste

*5 Tomaten (etwa 600 g)*
*1 großer Hokkaidokürbis (gut 1 kg)*
*7 EL Olivenöl*
*Meersalz*
*frisch gemahlener schwarzer Pfeffer*
*Öl für die Auflaufform*
*2 Zwiebeln*
*2 – 3 Knoblauchzehen*
*140 g Tomatenmark*
*½ Bund krause Petersilie*
*150 ml Soja- oder Hafersahne*
*2 EL fein gehackter Majoran*
*1 EL fein gehackter Thymian*
*1 EL fein gehackter Oregano*
*5 Scheiben Vollkorntoast*
*5 EL Hefeflocken*
*4 EL blanchierte und gemahlene Mandeln*

- Die Tomaten an den Stielansätzen kreuzförmig einschneiden und mit kochend heißem Wasser überbrühen. Etwa zehn Minuten ruhen lassen, dann die Tomaten abtropfen lassen, enthäuten und fein würfeln.
- Den Kürbis waschen (nicht schälen!) und halbieren. Die Fasern und Kerne entfernen. Das Kürbisfleisch in Spalten schneiden, danach mundgerecht würfeln.
- Die Kürbiswürfel in zwei Portionen in jeweils zwei Esslöffel Olivenöl so lange in der Pfanne braten, bis das Kürbisfleisch weich ist. Es sollte jedoch noch etwas »Biss« haben.
- Das Kürbisfleisch mit Salz und Pfeffer würzen und in eine gefettete Auflaufform geben. (Die Auflaufform am besten schon jetzt in den auf 200 °C aufheizenden Backofen stellen, damit der Kürbis nicht auskühlt.)
- Die Zwiebeln und Knoblauchzehen schälen und fein hacken und in einem Esslöffel Olivenöl glasig dünsten.

# Hauptgerichte

- Die Tomatenwürfel hinzufügen und die Sauce unter ständigem Rühren zum Kochen bringen. Zwei bis drei Minuten kochen lassen, dann die Temperatur reduzieren.
- Tomatenmark dazugeben und die Sauce fünf Minuten köcheln lassen.
- In der Zwischenzeit die Petersilie kurz abbrausen, trockentupfen und fein hacken.
- Die Sojasahne, Petersilie, den Majoran, Thymian und Oregano zur Sauce geben und unterrühren.
- Die Sauce nochmals zwei bis drei Minuten köcheln lassen. Dann mit Salz und Pfeffer abschmecken. Auflaufform aus dem Ofen nehmen und die Sauce über die Kürbiswürfel geben.
- Die Auflaufform zurück in den Backofen stellen.
- Den Toast im Toaster kross rösten, danach fein würfeln.
- Zwei Esslöffel Olivenöl in der Pfanne erhitzen und die Toastwürfel darin goldbraun braten.
- Die Hefeflocken und gemahlenen Mandeln untermischen. Mit etwas Salz würzen.
- Die Toastwürfel auf dem Auflauf verteilen.
- Den Kürbisauflauf im Backofen bei 200 °C in fünfzehn bis zwanzig Minuten fertig backen.

## Muschelnudeln mit Cremesauce und gebratenen Austernpilzen

500 g kleine Muschelnudeln (Conchiglie)
Meersalz

**Für die Cremesauce:**
1 kleiner Kohlrabi
1 mittelgroße Kartoffel
250 ml Gemüsebrühe
3 EL Weizenmehl (Type 1050)
4 EL Hefeflocken
2 MSP gemahlene Muskatnuss
100 ml trockener Weißwein
       ersatzweise Gemüsebrühe mit 1 TL Apfelessig
200 ml Soja- oder Reisdrink
1 EL Weißweinessig
5 EL fein gehackte krause Petersilie
1 EL fein gehackter Oregano
Meersalz
frisch gemahlener weißer Pfeffer

500 g Austernpilze
2 – 3 Knoblauchzehen
3 EL Olivenöl
frisch gemahlener schwarzer Pfeffer

- Die Muschelnudeln in reichlich Salzwasser bissfest kochen. Dann in einen Durchschlag gießen, gut abtropfen lassen, zurück in den Topf geben und warm halten.
- Für die **Cremesauce** den Kohlrabi und die Kartoffel schälen und würfen. Mit der Gemüsebrühe übergießen und in etwa fünfzehn Minuten weich kochen.
- Danach das Gemüse mit dem Pürierstab pürieren.
- Das Weizenmehl, die Hefeflocken und die gemahlene Muskatnuss unterrühren.

# Hauptgerichte

- Den Weißwein, Sojadrink und den Weißweinessig dazugeben und die Sauce gut fünf Minuten köcheln lassen.
- Danach die Kräuter unterrühren und die Sauce mit Salz und Pfeffer abschmecken.
- Die Sauce im Topf warm halten.
- Die Austernpilze vorsichtig mit feuchtem Küchenkrepp säubern und die Stielansätze entfernen. Dann in Streifen schneiden.
- Den Knoblauch schälen und fein hacken.
- Das Öl in einer Pfanne erhitzen und den Knoblauch darin anschwitzen.
- Die Austernpilze dazugeben und bei mittlerer Temperatur so lange schmoren, bis sie keinen Saft mehr abgeben.
- Mit Salz und Pfeffer würzen.
- Die Muschelnudeln mit der Cremesauce vermischen und auf vier Teller verteilen.
- Die Austernpilze portionsweise darübergeben und servieren.

## Nudelauflauf mit Zucchinicremesauce

1 Zwiebel
4 mittelgroße Zucchini
2 EL Olivenöl
200 ml Gemüsebrühe
500 g Penne Rigate oder andere Nudeln nach Wahl
Meersalz
6 EL Hefeflocken
4 EL Weizenmehl (Type 1050)
4 EL Kichererbsenmehl
2 EL scharfes Ajvar
2 EL milder Senf
2 Knoblauchzehen
100 ml Soja- oder Reisdrink
4 EL fein gehacktes Basilikum
1 EL fein gehackter Oregano
Öl für die Auflaufform
3 EL Sonnenblumenkerne
5 – 6 EL Sesamparmesan (Rezept s. S. 47)

- Die Zwiebel schälen und fein hacken, die Zucchini fein würfeln.
- Die Zwiebel im heißen Olivenöl anschwitzen, dann die Zucchini dazugeben und ebenfalls drei bis vier Minuten anschwitzen.
- Dann das Gemüse mit der Gemüsebrühe übergießen, die Temperatur etwas reduzieren und in etwa fünfzehn Minuten weich kochen.
- In der Zwischenzeit die Nudeln in reichlich Salzwasser bissfest kochen, in einen Durchschlag geben und gut abtropfen lassen.
- Die Hälfte des Gemüses mit dem Pürierstab fein pürieren.
- Danach die Hefeflocken, das Weizen- und Kichererbsenmehl, Ajvar, den Senf und die durchgepressten Knoblauchzehen unterrühren.
- Den Sojadrink dazugeben und nochmals pürieren.
- Das unpürierte Gemüse sowie die Kräuter dazugeben und die Sauce mit Salz abschmecken.
- Die Sauce mit den Nudeln vermischen und in eine gefettete Auflaufform geben.

# Hauptgerichte 143

- Mit den Sonnenblumenkernen und dem Sesamparmesan überstreuen.
- Den Auflauf im Backofen bei 200 °C etwa fünfunddreißig Minuten backen, bis die Oberfläche leicht gebräunt ist.

## Nudeln auf griechische Art

*500 g griechische Kritharaki-Nudeln oder andere kleine Nudeln nach Wahl*
*Meersalz*
*12 getrocknete Tomaten*
*1 Bund kleine Frühlingszwiebeln*
*1 – 2 Knoblauchzehen*
*2 EL Olivenöl*
*1 kleine Aubergine*
*½ Bund Basilikum*
*1 kleiner Zweig Rosmarin*
*20 schwarze griechische Oliven*
*6 EL Tomatenmark*
*frisch gemahlener schwarzer Pfeffer*
*200 g Tofuwürfel nach Feta-Art (Rezept s. S. 60)*

- Die Kritharaki-Nudeln in reichlich Salzwasser bissfest kochen. Dann in einen Durchschlag gießen, abtropfen lassen, zurück in den Topf geben und warm halten.
- Die getrockneten Tomaten mit kochend heißem Wasser übergießen und eine Viertelstunde quellen lassen. Dann in Streifen schneiden.
- Die Frühlingszwiebeln in feine Scheiben schneiden, den Knoblauch schälen und fein hacken. Beides im heißen Öl in einer mittelgroßen Pfanne anschwitzen.
- Die Aubergine fein würfeln und zusammen mit den Tomatenstreifen ebenfalls in die Pfanne geben. Kurz anschwitzen, dann die Temperatur etwas reduzieren und das Gemüse zehn Minuten schmoren.
- In der Zwischenzeit das Basilikum und den Rosmarin fein hacken.
- Die Oliven entkernen und halbieren.
- Die Kräuter, Oliven und das Tomatenmark zum Gemüse geben und nochmals zwei bis drei Minuten köcheln lassen.
- Dann das Gemüse zu den Nudeln in den Topf geben und mit Salz und Pfeffer abschmecken.
- Den gewürfelten Tofu-Feta unterziehen und alles nochmals in drei bis vier Minuten gründlich erhitzen, aber nicht mehr kochen.

## Pfifferlingsrisotto

500 g frische Pfifferlinge
2 Schalotten
1 Knoblauchzehe
3 EL Rapsöl
400 g Risottoreis
200 ml trockener Weißwein
    ersatzweise Gemüsebrühe mit 1 EL Weißweinessig
800 ml heiße Gemüsebrühe
½ Bund krause Petersilie
2 EL fein gehackter Thymian
6 EL Mandel- oder Walnussparmesan (Rezepte s. S. 46 und 48)
4 EL Soja- oder Hafersahne
Meersalz
frisch gemahlener weißer Pfeffer

- Die Pfifferlinge putzen und, falls nötig, halbieren oder vierteln.
- Die Schalotten sowie den Knoblauch schälen und fein hacken und in einem Esslöffel Rapsöl im Topf anschwitzen. Den Risottoreis einrieseln lassen und ebenfalls kurz anschwitzen.
- Mit dem Weißwein ablöschen, die Temperatur etwas reduzieren und den Wein einkochen lassen.
- Nach und nach in kleinen Portionen die heiße Gemüsebrühe hinzugießen, einkochen lassen und dann erst wieder nachgießen.
- Die Petersilie kurz abbrausen, trockentupfen und fein hacken.
- Sobald der Risottoreis bissfest gekocht ist, die Petersilie, den Thymian, den Mandel- oder Walnussparmesan und die Sojasahne unterrühren.
- Die verbliebenen zwei Esslöffel Rapsöl in einer Pfanne erhitzen und die Pfifferlinge darin bei relativ hoher Temperatur kurz braten, bis sie keinen Saft mehr abgeben und in sich zusammenfallen.
- Die Pfifferlinge unter den Reis ziehen und das Risotto mit Salz und Pfeffer abschmecken.

## Pilzschmelzfondue

*1 große Zwiebel*
*2 Knoblauchzehen*
*1 EL Rapsöl*
*500 g weiße Champignons*
*1 große Kartoffel*
*200 ml trockener Weißwein*
*ersatzweise Gemüsebrühe mit 1 EL Zitronensaft*
*2 TL Pilzbrüheextrakt oder gekörnte Gemüsebrühe*
*60 g Instanthaferflocken (Vollkorn)*
*4 EL Hefeflocken*
*Saft einer halben kleinen Zitrone*
*2 EL milder Senf*
*1 EL scharfer Senf*
*1 EL Roh-Rohrzucker*
*2 EL Weizenmehl (Type 1050)*
*700 ml Soja- oder Reisdrink*
*2 – 3 Spritzer Worcestersauce*
*½ TL gemahlene Muskatnuss*
*3 EL fein gehackte Petersilie*
*2 EL fein gehackter Thymian*
*Meersalz*
*frisch gemahlener weißer Pfeffer*

- Die Zwiebel und den Knoblauch schälen und fein hacken und im heißen Rapsöl anschwitzen.
- Die Champignons mit feuchtem Küchenkrepp säubern. 100 Gramm Champignons fein würfeln und beiseite legen. Den Rest in Scheiben schneiden.
- Die Kartoffel schälen und würfeln.
- Die in Scheiben geschnittenen Champignons und die Kartoffel zu den Zwiebeln in den Topf geben und ebenfalls zwei bis drei Minuten anschwitzen. Dann mit dem Weißwein ablöschen, den Pilzbrüheextrakt unterrühren und das Pilzgemüse in etwa fünfzehn Minuten weich kochen.

Hauptgerichte 147

- Den Topf vom Herd nehmen und das Gemüse mit dem Pürierstab gründlich pürieren.
- Die Instanthaferflocken, die Hefeflocken, den Zitronensaft, Senf, Zucker und das Weizenmehl hinzufügen.
- Nochmals gründlich pürieren, dabei nach und nach den Sojadrink dazugießen.
- Das Pilzschmelzfondue zurück auf den Herd geben und zum Kochen bringen. Einmal aufwallen lassen, dann die Temperatur reduzieren und die restlichen Champignons unterrühren.
- Mit der Worcestersauce und gemahlener Muskatnuss würzen und unter gelegentlichem Rühren etwa acht Minuten köcheln lassen.
- Dann die gehackten Kräuter dazugeben und mit Salz und Pfeffer abschmecken.
- Das Pilzschmelzfondue auf einem Rechaud warm halten und mit gerösteten Weißbrotwürfeln servieren.

## Sauerkrautauflauf mit Cremekruste

**Für die Kruste:**
600 g Kartoffeln
1 TL Meersalz
400 ml Soja- oder Reisdrink
200 g gekochte weiße Bohnen
4 EL Röstzwiebeln
1 TL Apfelessig
2 – 3 MSP gemahlene Muskatnuss
Meersalz
frisch gemahlener weißer Pfeffer

**Für das Sauerkraut:**
2 Zwiebeln
1 EL vegetarisches Zwiebelschmalz
    ersatzweise Margarine
500 g Sauerkraut
150 ml trockener Weißwein
    ersatzweise ungesüßter Apfelsaft
2 Lorbeerblätter
½ TL Kümmel
2 EL fein gehackter Majoran
2 EL milder Senf
½ TL scharfes Paprikapulver
2 Äpfel
Meersalz
frisch gemahlener schwarzer Pfeffer
Margarine oder Öl für die Auflaufform

4 EL Semmelbrösel
3 EL Margarine

- Für die **Kruste** die Kartoffeln schälen und grob würfeln.

# Hauptgerichte 149

- Das Salz und 300 Milliliter Sojadrink dazugeben und die Kartoffeln bei mittlerer Temperatur weich kochen. Dabei des Öfteren umrühren, damit der Sojadrink nicht am Topfboden ansetzt.
- Die weich gekochten Kartoffeln vom Herd nehmen, dann die Bohnen und den restlichen Sojadrink in den Topf geben. Alles mit dem Pürierstab zu einer glatten Creme pürieren.
- Die Röstzwiebeln, den Apfelessig und die gemahlene Muskatnuss unterrühren.
- Das Püree mit Salz und Pfeffer abschmecken.
- Für das **Sauerkraut** die Zwiebeln schälen und fein hacken und im Schmalz glasig dünsten.
- Das Sauerkraut dazugeben und kurz bei hoher Temperatur anbraten. Dann mit dem Weißwein ablöschen und die Temperatur reduzieren.
- Die Lorbeerblätter, den Kümmel, Majoran, Senf und das Paprikapulver unterrühren.
- Die Äpfel schälen, entkernen, vierteln und direkt in den Topf raspeln.
- Gut vermischen und das Sauerkrautgemüse fünfzehn Minuten schmoren.
- Dann die Lorbeerblätter entfernen und das Sauerkraut herzhaft mit Salz und Pfeffer abschmecken.
- Das Sauerkraut in eine gefettete Auflaufform geben und glatt streichen.
- Das Kartoffelpüree darauf verteilen. Mit den Semmelbröseln überstreuen.
- Die Margarine in Flöckchen darauf verteilen.
- Den Auflauf bei 200 °C im Backofen fünfundzwanzig bis dreißig Minuten backen, bis die Kruste leicht gebräunt ist.

 Soja- oder Reisdrink kocht sehr schnell über, daher die Kartoffeln nicht bei allzu hoher Temperatur garen und das gelegentliche Rühren nicht vergessen.
Wer auf Nummer sicher gehen will, kocht die Kartoffeln auf traditionelle Art in Salzwasser weich, gießt das Wasser komplett ab und fügt den heißen Sojadrink zum Pürieren hinzu.

## Lasagne mit Kürbis und Maronen

*für sechs Personen*

**Für die Kürbisfüllung:**
*800 g Kürbis (zum Beispiel Butternut oder Hokkaido)*
*1 – 2 EL Olivenöl*
*4 EL fein gehackte glatte Petersilie*
*1 EL Weißweinessig*
*Meersalz*
*frisch gemahlener weißer Pfeffer*

**Für das Pilzragout:**
*1 rote Zwiebel*
*2 Knoblauchzehen*
*1 – 2 EL Olivenöl*
*350 g Champignons*
*1 TL Pilzbrüheextrakt oder gekörnte Gemüsebrühe*
*140 g Tomatenmark*
*100 ml Soja- oder Reisdrink*
*1 EL Sojasauce*
*2 EL fein gehackter Majoran*
*1 EL fein gehackter Thymian*
*frisch gemahlener schwarzer Pfeffer*

**Für die Maronenfüllung:**
*2 Schalotten*
*1 EL Olivenöl*
*200 g gekochte Maronen*
*80 g Walnusskerne*
*150 ml trockener Rotwein*
    *ersatzweise Tomatensaft mit 1 TL Balsamico-Essig*
*2 EL Weizenmehl (Type 1050)*
*50 ml Soja- oder Reisdrink*
*1 EL Balsamico-Essig*
*1 EL fein gehackter Rosmarin*

Hauptgerichte

*Meersalz*
*frisch gemahlener schwarzer Pfeffer*
*etwa 14 Lasagneblätter (ohne Vorkochen)*
*Öl für die Auflaufform*

**Für die Kruste:**
*80 g Hirseflocken*
*30 g Hefeflocken*
*2 EL Kichererbsenmehl*
*2 EL milder Senf*
*2 EL weißes Tahin*
*1 TL mildes Paprikapulver*
*500 ml heißer Soja- oder Reisdrink*
*Meersalz*
*6 EL Walnussparmesan (Rezept s. S. 48)*

- Für die **Kürbisfüllung** den Kürbis mundgerecht würfeln und im heißen Öl anbraten. Die Temperatur reduzieren und den Kürbis unter gelegentlichem Rühren so lange schmoren, bis er anfängt, zu zerfallen.
- Petersilie und Weißweinessig unterrühren und mit Salz und Pfeffer herzhaft abschmecken.
- Mit aufgelegtem Deckel warm halten.
- Für das **Pilzragout** die Zwiebel und den Knoblauch schälen und fein hacken und im heißen Olivenöl glasig dünsten.
- Champignons mit feuchtem Küchenkrepp säubern und in Scheiben schneiden. Zur Zwiebel in den Topf geben und bei mittlerer Temperatur so lange schmoren, bis sie weich sind.
- Pilzbrüheextrakt, Tomatenmark, Sojadrink und Sojasauce unterrühren und nochmals kurz schmoren.
- Die Kräuter unterrühren und das Pilzragout mit Pfeffer abschmecken.
- Für die **Maronenfüllung** die Schalotten schälen und fein hacken und im heißen Olivenöl glasig dünsten.
- Die Maronen fein würfeln, die Walnusskerne fein hacken.
- Maronen und Walnusskerne zu den Schalotten in den Kopf geben und kurz anbraten. Mit dem Rotwein ablöschen.

- Weizenmehl, Sojadrink und Essig unterrühren und alles etwa fünf Minuten schmoren.
- Den Rosmarin unterrühren und die Maronen mit Salz und Pfeffer abschmecken.
- Die erste Lage Lasagneblätter (etwa drei Stück) auf dem Boden einer großen, rechteckigen und gefetteten Auflaufform verteilen.
- Die Maronen darübergeben und glatt streichen.
- Die nächste Lage Lasagneblätter darüber verteilen. Den weich gekochten Kürbis darüberstreichen.
- Die nächste Lage Lasagneblätter darüber verteilen. Das Pilzragout darübergeben und glatt streichen.
- Die letzte Lage Lasagneblätter darübergeben.
- Für die **Kruste** die Hirse- und Hefeflocken und das Kichererbsenmehl in ein hochwandiges Rührgefäß geben und kurz vermischen.
- Den Senf, das Tahin und Paprikapulver dazugeben.
- Mit dem heißen Sojadrink übergießen und mit dem Pürierstab zu einer glatten Creme verarbeiten.
- Die Creme mit Salz abschmecken und über die Lasagne gießen.
- Mit dem Walnussparmesan überstreuen.
- Die Lasagne im Backofen bei 200 °C etwa vierzig Minuten backen.

Ein herbstliches Festessen, das auch die Weihnachtstafel bereichern kann.
Der einzigartige Geschmack belohnt für alle durchgestandenen Mühen bei der Zubereitung.

# Pizzen, Tartes und herzhafte Backwaren

## *Buntes Pizzabaguette*

*250 g gegarter Gemüsemais*
*50 ml Soja- oder Reisdrink*
*2 EL weißes Tahin*
*1 EL milder Senf*
*1 EL Senf auf provenzalische Art*
*1 EL weiße Balsamicocreme*
*1 EL fein gehackter Majoran*
*1 EL fein gehackter Oregano*
*1 EL fein gehackter Thymian*
*Meersalz*
*frisch gemahlener weißer Pfeffer*
*1 großes Baguette (500 g)*
*1 große Tomate*
*1 grüne Paprika*
*12 entkernte schwarze Oliven*
*6 – 8 EL Mandelparmesan (Rezept s. S. 46)*

- Den Gemüsemais mit dem Sojadrink in den Mixbehälter der Küchenmaschine geben und fein pürieren.
- Das Tahin, den Senf und die weiße Balsamicocreme dazugeben und nochmals so lange pürieren, bis eine glatte Creme entstanden ist.
- Kräuter unterrühren und die Creme mit Salz und Pfeffer abschmecken.
- Das Baguette der Länge nach aufschneiden, dann halbieren.
- Die Creme auf den Baguettevierteln verteilen und glatt streichen.
- Die Tomate in feine Scheiben schneiden und darüber verteilen.
- Die Paprika fein würfeln, die Oliven halbieren.
- Beides auf die Baguetteviertel geben und mit Salz und Pfeffer würzen.
- Mit dem Mandelparmesan überstreuen.
- Das Pizzabaguette im Backofen bei 200 °C **Ober- und Unterhitze** etwa fünfzehn Minuten backen.

## Apfel-Zwiebel-Tarte mit Käsecreme

*2 große Zwiebeln*
*1 Knoblauchzehe*
*2 EL Rapsöl*
*3 große Äpfel*
*3 EL fein gehackter Schnittlauch*
*1 TL mildes Currypulver*
*2 Spritzer Zitronensaft*
*Meersalz*
*frisch gemahlener weißer Pfeffer*
*Öl für die Tarteform*
*250 g frischer Blätterteig*
    *ersatzweise tiefgekühlt und aufgetaut*

**Für die Käsecreme:**
*50 g blanchierte und gemahlene Mandeln*
*100 ml Soja- oder Reisdrink*
*2 EL weißes Tahin*
*2 EL Shiro Miso*
*1 EL Erdnussbutter*
*1 TL grobkörniger Senf*
*2 TL Johannisbrotkernmehl*
*6 – 8 EL Walnussparmesan (Rezept s. S. 48)*

- Die Zwiebeln und die Knoblauchzehe schälen und fein hacken und im heißen Rapsöl glasig dünsten.
- Die Äpfel vierteln, entkernen und fein würfeln.
- Zu den Zwiebeln in die Pfanne geben.
- Die Apfelwürfel so lange bei mittlerer Temperatur schmoren, bis sie weich sind, aber noch »Biss« haben.
- Dann den Schnittlauch, das Currypulver und den Zitronensaft unterrühren.
- Die Apfel-Zwiebel-Pfanne mit Salz und Pfeffer abschmecken.
- Eine gefettete Tarteform mit dem Blätterteig auskleiden.

# Pizzen, Tartes und herzhafte Backwaren

- Für die **Käsecreme** die gemahlenen Mandeln mit dem Sojadrink verrühren.
- Das Tahin, Shiro Miso, die Erdnussbutter, den Senf und das Johannisbrotkernmehl hinzufügen und alles gut vermischen.
- Die Käsecreme auf dem Blätterteig verteilen und glatt streichen.
- Die Apfel-Zwiebel-Pfanne darüber verteilen und mit dem Walnussparmesan überstreuen.
- Die Tarte im Backofen bei 180 °C etwa fünfunddreißig Minuten backen.

## Champignonpizza mit Mandelkäse-Klecksen

**Für den Vorteig:**
30 g frische Hefe
1 TL Roh-Rohrzucker
100 ml lauwarmes Wasser
6 EL Weizenmehl (Type 1050)

**Für den Teig:**
200 g Weizenvollkornmehl
300 g Weizenmehl (Type 1050)
1 TL Meersalz
1 EL getrockneter Oregano
2 EL Olivenöl
200 ml lauwarmes Wasser

**Für den Belag:**
1 große Zwiebel
2 Knoblauchzehen
2 EL Olivenöl
650 g Champignons
1 EL Pilzbrüheextrakt
    ersatzweise 1 TL gekörnte Gemüsebrühe
1 TL fein gehackter Rosmarin
2 EL fein gehackter Thymian
2 EL Weizenmehl (Type 1050)
Meersalz
frisch gemahlener schwarzer Pfeffer

**Für die Tomatensauce:**
400 g geschälte Tomaten in Stücken
140 g Tomatenmark
2 EL getrocknete Pizzakräuter
Meersalz

Pizzen, Tartes und herzhafte Backwaren 157

*Für die Mandelkäse-Kleckse:*
*100 g blanchierte und gemahlene Mandeln*
*4 EL Hefeflocken*
*2 EL Speisestärke*
*½ TL gemahlene Kurkuma*
*2 MSP gemahlene Muskatnuss*
*2 EL milder Senf*
*1 EL Zitronensaft*
*2 EL Rapsöl*
*250 ml Soja- oder Reisdrink*
*3 EL fein gehackte krause Petersilie*
*1 Knoblauchzehe*
*Meersalz*
*frisch gemahlener weißer Pfeffer*

- Für den **Vorteig** die Hefe mit den Fingerspitzen zerkrümeln und in einer kleinen Schüssel mit dem Zucker verrühren.
- Das Wasser dazugeben und so lange rühren, bis sich die Hefe komplett aufgelöst hat.
- Dann das Mehl untermischen, den Vorteig abdecken und an einem warmen Ort zwanzig bis dreißig Minuten gehen lassen, bis sich der Teig etwa verdoppelt hat.
- Für den **Teig** das Mehl mit dem Salz, dem Oregano und dem Olivenöl verrühren.
- In der Mitte des Mehls eine Mulde ausformen und den Vorteig hineingeben. Das Ganze gut vermischen. Das Wasser nach und nach hinzufügen und alles zu einem glatten Teig verkneten.
- Den Teig zu einer Kugel ausformen, diese etwas bemehlen und abgedeckt in einer Schüssel mindestens eine halbe, besser eine ganze Stunde an einem warmen Ort gehen lassen.
- Für den **Belag** zwischenzeitlich die Zwiebel und den Knoblauch schälen und fein hacken und im heißen Olivenöl anschwitzen. Die Champignons mit feuchtem Küchenkrepp säubern, dann vierteln und zu der Zwiebel in die Pfanne geben.
- Zusammen mit dem Pilzbrüheextrakt und den Kräutern so lange schmoren, bis die Pilze kaum noch Flüssigkeit abgeben.

- Dann mit dem Weizenmehl überstäuben, mit Salz und Pfeffer würzen und alles noch einmal gut vermischen.
- Die Pfanne vom Herd nehmen und die Pilze etwas abkühlen lassen.
- Für die **Tomatensauce** die geschälten Tomaten mit dem Tomatenmark sowie den Pizzakräutern verrühren und mit etwas Salz würzen.
- Für die **Mandelkäse-Kleckse** die gemahlenen Mandeln in einem hochwandigen Rührgefäß mit den trockenen Zutaten vermischen.
- Dann den Senf, Zitronensaft, das Öl und den Sojadrink hinzufügen und alles mit dem Pürierstab kurz pürieren.
- Die Petersilie und die durchgepresste Knoblauchzehe unterrühren und die Sauce mit Salz und Pfeffer abschmecken.
- Die Sauce in einen kleinen Topf umfüllen und unter ständigem Rühren zum Kochen bringen. Unter ständigem Rühren zwei bis drei Minuten kochen, dann den Topf vom Herd nehmen.
- Den **Teig** auf die bemehlte Arbeitsfläche geben und zur Größe eines Backblechs ausrollen.
- Den Teig auf ein mit Backpapier ausgelegtes Backblech legen und nochmals eine Viertelstunde gehen lassen.
- Dann mit der Tomatensauce bestreichen und die Champignons darauf verteilen.
- Den Mandelkäse mit Hilfe eines Teelöffels in kleinen Klecksen auf der Pizza verteilen.
- Dann die Pizza im Backofen bei 200 °C **Ober- und Unterhitze** etwa fünfundzwanzig Minuten backen.

Pizzen, Tartes und herzhafte Backwaren 159

## Griechische Oliven-Feta-Tarte

*Öl für die Tarteform*
*250 g frischer Blätterteig*
*ersatzweise tiefgekühlt und aufgetaut*
*2 rote Zwiebeln*
*2 – 3 Knoblauchzehen*
*2 EL Olivenöl*
*4 – 5 EL mildes Ajvar*
*4 (Flaschen-)Tomaten*
*1 große gelbe Paprika*
*Meersalz*
*frisch gemahlener schwarzer Pfeffer*
*2 EL fein gehackter Rosmarin*
*2 EL fein gehackter Thymian*
*15 schwarze griechische Oliven*
*3 mild eingelegte grüne Peperoni*
*150 g Tofuwürfel nach Feta-Art (Rezept s. S. 60)*
*1 TL mildes Paprikapulver*

- Eine gut gefettete Tarteform mit dem Blätterteig auskleiden.
- Die Zwiebeln schälen, halbieren und in Halbmonde schneiden.
- Den Knoblauch schälen und fein hacken.
- Die Zwiebeln und den Knoblauch im heißen Öl glasig dünsten. Danach etwas abkühlen lassen.
- Den Boden der Tarte mit dem Ajvar bestreichen.
- Die Tomaten in Scheiben schneiden und kreisförmig auf dem Tarteboden verteilen. Die Paprika fein würfeln und über die Tomaten streuen.
- Die Zwiebeln und den Knoblauch darüber verteilen.
- Das Gemüse mit Salz und Pfeffer würzen sowie mit den fein gehackten Kräutern überstreuen.
- Die Oliven entkernen, grob hacken und auf dem Gemüse verteilen.
- Peperoni in dünne Scheiben schneiden und darüberstreuen.
- Die Tofuwürfel etwas zerkleinern und die Tarte damit überstreuen.
- Zum Schluss das Paprikapulver darübergeben.
- Die Tarte im Backofen bei 200 °C etwa vierzig Minuten backen.

## Cremige Lauchquiche

**Für den Mürbeteig:**
200 g Weizenmehl (Type 1050)
100 g Weizenvollkornmehl
1 TL Meersalz
80 g schnittfeste Margarine
etwa 100 ml Eiswasser

**Für die Füllung:**
1 mittelgroße Zwiebel
3 Stangen Lauch
2 EL Rapsöl
200 g gekochte weiße Bohnen
100 ml Soja- oder Reisdrink
4 EL Hefeflocken
2 EL Tahin
2 EL Apfelessig
1 EL milder Senf
3 TL Johannisbrotkernmehl
3 EL fein gehackte krause Petersilie
2 EL fein gehackter Schnittlauch
1 EL fein gehackter Kerbel
Meersalz
frisch gemahlener weißer Pfeffer
Margarine oder Öl für die Springform
6 EL Sonnenblumenkerne

- Für den **Mürbeteig** das Mehl mit dem Salz vermischen. Die Margarine in Flöckchen dazugeben und mit dem Mehl verrühren.
- Den Teig zügig mit den Händen verkneten, dabei nach und nach das Wasser dazugeben. Sobald der Teig geschmeidig ist, den Teig zu einer Kugel ausformen, in Klarsichtfolie einschlagen und mindestens eine halbe Stunde im Kühlschrank ruhen lassen.
- In der Zwischenzeit für die **Füllung** die Zwiebel schälen und fein hacken.

# Pizzen, Tartes und herzhafte Backwaren

- Den Lauch in feine Ringe schneiden.
- Die Zwiebel im heißen Öl glasig dünsten. Dann den Lauch dazugeben und so lange bei mittlerer Temperatur schmoren, bis er in sich zusammenfällt.
- Vor der Weiterverarbeitung das Gemüse etwas abkühlen lassen.
- Die Bohnen zusammen mit dem Sojadrink in ein hochwandiges Rührgefäß geben und mit dem Pürierstab pürieren.
- Die Hefeflocken, das Tahin, den Apfelessig, den Senf und das Johannisbrotkernmehl dazugeben und nochmals gründlich pürieren.
- Die Kräuter unterrühren.
- Die Bohnencreme mit dem Lauchgemüse vermengen und herzhaft mit Salz und Pfeffer abschmecken.
- Eine gefettete Springform (Ø 26 Zentimeter) mit dem Mürbeteig auskleiden, dabei einen gut drei Zentimeter hohen Rand ausformen.
- Den Teig bei 200 °C im Backofen zehn Minuten vorbacken.
- Dann die Füllung auf dem Teig verteilen und glatt streichen.
- Mit den Sonnenblumenkernen überstreuen.
- Die Quiche bei 200 °C im Backofen etwa dreißig Minuten backen.
- Noch heiß servieren.

## Elsässer Flammkuchen

**Für den Vorteig:**
30 g frische Hefe
100 ml lauwarmes Wasser
6 EL Weizenmehl (Type 1050)

**Für den Teig:**
450 g Weizenmehl (Type 1050)
1 TL Meersalz
3 EL Rapsöl
etwa 200 ml lauwarmes Wasser

**Für den Belag:**
4 Zwiebeln
250 g Räuchertofu
3 EL Rapsöl
250 g Seidentofu
200 g Sojajoghurt
1 EL Weißweinessig
2 TL Johannisbrotkernmehl
2 – 3 MSP gemahlene Muskatnuss
Meersalz
frisch gemahlener schwarzer Pfeffer

- Für den **Vorteig** die Hefe in einer kleinen Schüssel zerkrümeln und mit dem Wasser glatt rühren. Dann unter weiterem Rühren nach und nach das Weizenmehl hinzufügen. Den Vorteig abgedeckt an einem warmen Ort zwanzig bis dreißig Minuten gehen lassen.
- Für den **Teig** das Weizenmehl mit dem Salz und dem Öl verrühren.
- In der Mitte des Mehls eine Mulde ausformen und den Vorteig hineingeben. Das Ganze gut vermischen. Das Wasser nach und nach hinzufügen und alles zu einem glatten Teig verkneten.
- Den Teig abgedeckt an einem warmen Ort dreißig bis vierzig Minuten gehen lassen.

# Pizzen, Tartes und herzhafte Backwaren

- Danach den Teig halbieren. Jede Hälfte zu einem dünnen Fladen ausrollen und auf ein mit Backpapier ausgelegtes Backblech legen. Den Teig nochmals zehn Minuten gehen lassen.
- Für den **Belag** die Zwiebeln schälen und fein hacken, den Räuchertofu fein würfeln.
- Die Zwiebeln in zwei Esslöffel heißem Rapsöl glasig dünsten.
- Danach die Zwiebeln aus der Pfanne nehmen, einen weiteren Esslöffel Rapsöl erhitzen und den Räuchertofu darin anbräunen.
- Den Seidentofu, falls nötig, abgießen und zusammen mit dem Sojajoghurt in ein hochwandiges Rührgefäß geben. Mit dem Pürierstab zu einer glatten Creme pürieren.
- Den Weißweinessig, das Johannisbrotkernmehl und die gemahlene Muskatnuss unterrühren.
- Die Creme herzhaft mit Salz abschmecken und dünn auf den beiden Teigfladen verstreichen.
- Die Zwiebeln und dann den Tofu darüber verteilen.
- Den Flammkuchen mit reichlich Pfeffer würzen.
- Flammkuchen im auf 250 °C vorgeheizten Backofen in zwei Portionen jeweils etwa fünfzehn Minuten backen.

---

Sofern Sie einen Umluftherd besitzen, können Sie die beiden Flammkuchen auf einmal backen. Dabei empfiehlt es sich trotz der Umluft, das untere Backblech nach gut der Hälfte der Backzeit an die obere Position zu versetzen, damit der Teig gleichmäßig ausgebacken wird.
Anstelle des Räuchertofus können 250 Gramm in dünne Scheiben geschnittene Champignons verwendet werden.

## Gedeckte Brokkoli-Nuss-Tarte

### Für den Teig:
500 g Weizenmehl (Type 1050)
1 – 2 TL Meersalz
1 TL Roh-Rohrzucker
50 ml trockener Weißwein
    ersatzweise Wasser mit 1 TL Zitronensaft
50 ml Olivenöl
etwa 160 ml lauwarmes Wasser
Öl für die Springform
2 EL Soja- oder Reisdrink

### Für die Füllung:
2 Zwiebeln
2 EL Olivenöl
450 g Brokkoli
100 ml trockener Weißwein
    ersatzweise Gemüsebrühe mit 1 EL Zitronensaft
250 g gekochte weiße Bohnen
100 ml Soja- oder Reisdrink
4 EL Hefeflocken
2 ½ TL Johannisbrotkernmehl
60 g Walnusskerne
2 TL rosa Pfeffer
3 EL fein gehackter Schnittlauch
1 EL fein gehackter Dill
1 EL Apfelessig
ein paar Spritzer Worcestersauce
Meersalz
frisch gemahlener weißer Pfeffer

- Für den **Teig** das Mehl mit dem Salz und dem Zucker vermengen.
- Den Weißwein und das Olivenöl unterrühren. Nach und nach das Wasser hinzufügen und zu einem geschmeidigen Teig verkneten.

- Den Teig zu einer Kugel ausformen, in Klarsichtfolie einschlagen und dreißig Minuten im Kühlschrank ruhen lassen.
- Für die **Füllung** die Zwiebeln schälen und fein hacken und im heißen Olivenöl glasig dünsten.
- Die Brokkoliröschen in Scheiben schneiden und ebenfalls in die Pfanne geben. Zwei bis drei Minuten anschwitzen, dann mit dem Weißwein ablöschen. Etwa fünf Minuten köcheln lassen, bis der Brokkoli weich ist.
- Die Bohnen in ein hochwandiges Rührgefäß geben.
- Den Sojadrink, die Hefeflocken und das Johannisbrotkernmehl hinzufügen und mit dem Pürierstab zu einer glatten Creme pürieren.
- Die Walnusskerne und den rosa Pfeffer fein hacken. Zusammen mit den Kräutern und dem Essig zur Bohnencreme geben und gut verrühren.
- Die Bohnencreme mit dem Brokkoligemüse vermengen und mit Worcestersauce sowie Salz und Pfeffer abschmecken.
- Zwei Drittel des Teigs auf der bemehlten Arbeitsfläche ausrollen und eine gefettete Springform (Ø 28 Zentimeter) damit auskleiden. Dabei einen etwa vier Zentimeter hohen Rand ausformen.
- Mit einer Gabel mehrmals den Teigboden einstechen.
- Die Füllung auf dem Teigboden verteilen und glatt streichen.
- Das verbliebene Drittel Teig dünn ausrollen und über die Füllung legen. Den überstehenden Teig abschneiden. Die Ränder fest andrücken.
- Eventuell noch vorhandene Teigreste zu Ornamenten ausformen und den Teigdeckel damit verzieren.
- Die Oberfläche mit zwei Esslöffel Sojadrink bestreichen.
- Die Brokkolitarte im Backofen bei 200 °C vierzig bis fünfundvierzig Minuten backen.

## Käse-Kräuter-Brötchen

*für acht Brötchen*

**Für den Vorteig:**
*30 g frische Hefe*
*1 EL Ahornsirup*
*6 EL Weizenmehl (Type 1050)*
*50 ml lauwarmes Wasser*

**Für den Teig:**
*400 g Weizenmehl (Type 1050)*
*1 TL Meersalz*
*4 – 5 EL fein gehackte Gartenkräuter*
*(zum Beispiel Petersilie, Dill, Schnittlauch, Kresse, Kerbel, Sauerampfer)*
*1 EL Tahin*
*50 ml Olivenöl*
*150 ml lauwarmer Soja- oder Reisdrink*

**Für die Käsecreme:**
*4 EL Soja- oder Hafersahne*
*2 EL Hefeflocken*
*2 EL Kichererbsenmehl*
*1 EL Shiro Miso*
*1 TL milder Senf*
*1 TL mildes Paprikapulver*

- Für den **Vorteig** die Hefe in einer kleinen Schüssel etwas zerkrümeln. Dann den Ahornsirup dazugeben, wodurch die Hefe flüssig wird.
- Das Weizenmehl und danach das Wasser unterrühren und den Vorteig abgedeckt an einem warmen Ort etwa zwanzig Minuten gehen lassen. Das Teigvolumen sollte sich in der Zeit verdoppeln.
- Für den **Teig** das Weizenmehl mit dem Salz vermischen.
- In der Mitte des Mehls eine Mulde ausformen und den Vorteig, die Gartenkräuter, das Tahin und das Olivenöl hineingeben. Alles gut vermischen, dann nach und nach den Sojadrink hinzufügen.

# Pizzen, Tartes und herzhafte Backwaren

- Den Teig so lange kneten, bis er geschmeidig ist und nicht mehr am Schüsselboden klebt.
- Den Teig abgedeckt an einem warmen Ort mindestens vierzig Minuten, besser jedoch sechzig Minuten gehen lassen.
- Danach auf der bemehlten Arbeitsfläche eine etwa 30 Zentimeter lange Rolle ausformen. Die Teigrolle achteln und acht kleine Brötchen formen.
- Die Brötchen auf ein mit Backpapier ausgelegtes Backblech legen, mit einem scharfen Messer in Längsrichtung etwas einschneiden und nochmals zwanzig Minuten gehen lassen.
- In der Zwischenzeit für die **Käsecreme** alle Zutaten miteinander verrühren, sodass eine sämige Creme entsteht.
- Die Creme auf die Brötchen streichen.
- Die Käse-Kräuter-Brötchen im Backofen bei 180 °C etwa fünfundzwanzig Minuten backen und abgekühlt servieren.

> Falls keine Gartenkräuter zur Hand sind, schmecken die Käsebrötchen auch pur.
> Zur Abwechslung können Sie jedoch auch vier Esslöffel Röstzwiebeln oder drei fein gehackte Knoblauchzehen, die Sie vorher in zwei Esslöffel Olivenöl angeschwitzt haben, dem Teig untermischen.

## Käsige Walnuss-Focaccia

### Für den Teig:
500 g Weizenmehl (Type 1050)
1 Päckchen Trockenbackhefe
2 TL Meersalz
2 EL Olivenöl
etwa 220 ml lauwarmes Wasser

### Für den Belag:
100 g Walnusskerne
2 Zwiebeln
2 Knoblauchzehen
4 EL Olivenöl
4 EL Hefeflocken
2 EL fein gehackter Thymian
1 EL Sherry-Essig
Meersalz
frisch gemahlener schwarzer Pfeffer

- Für den **Teig** das Mehl mit der Trockenhefe und dem Salz vermischen. In der Mitte des Mehls eine Mulde ausformen und das Öl und Wasser hineingeben. Zu einem geschmeidigen Teig verkneten.
- Den Teig zu einer Kugel ausformen und abgedeckt an einem warmen Ort dreißig bis vierzig Minuten gehen lassen.
- Danach den Teig teilen und auf der bemehlten Arbeitsfläche zu zwei jeweils gut einen Zentimeter dicken Fladen ausrollen.
- Die Teigfladen auf zwei mit Backpapier ausgelegte Backbleche geben und nochmals eine Viertelstunde gehen lassen.
- Für den **Belag** die Walnusskerne fein hacken.
- Die Zwiebeln und den Knoblauch schälen und ebenfalls fein hacken.
- Zwei Esslöffel Olivenöl in einer mittelgroßen Pfanne erhitzen und die Zwiebeln und den Knoblauch darin glasig dünsten.
- Die Walnüsse, die Hefeflocken, den Thymian und den Essig dazugeben und alles zwei bis drei Minuten schmoren.

# Pizzen, Tartes und herzhafte Backwaren

- Dann die Pfanne vom Herd nehmen und den Belag mit Salz und Pfeffer abschmecken.
- Nach dem letzten Gehen die beiden Teigfladen jeweils mit einem Esslöffel Olivenöl bestreichen.
- Dann den Belag auf den Teigfladen verteilen und glatt streichen.
- Die Focaccia im Backofen bei 200 °C etwa zwanzig Minuten backen.

 Um die Teigfladen gleichmäßig auszubacken, empfiehlt es sich auch bei Umluft, nach etwa der Hälfte der Backzeit die Position der Backbleche zu tauschen.

## Pizza-Schiffchen Hawaii

**Für den Teig:**
500 g Weizenmehl (Type 1050)
1 Päckchen Trockenbackhefe
2 TL Meersalz
1 TL Roh-Rohrzucker
2 EL Olivenöl
etwa 240 ml lauwarmes Wasser

**Für den Belag:**
140 g Tomatenmark
1 EL Genmai Miso
1 EL Ahornsirup
1 EL fein gehackter Oregano
1 EL fein gehackter Thymian
1 EL fein gehacktes Basilikum
50 ml Wasser
Meersalz
frisch gemahlener schwarzer Pfeffer
8 dünne Scheiben Räuchertofu (etwa 150 g)
100 g Ananas in Stücken
etwas mildes Currypulver

**Für die Cremesauce:**
100 ml Soja- oder Hafersahne
4 EL Hefeflocken
2 EL Kichererbsenmehl
½ TL mildes Paprikapulver

- Für den **Teig** das Weizenmehl mit der Hefe, dem Salz, Zucker und Olivenöl verrühren. Nach und nach das Wasser hinzufügen und so lange kneten, bis der Teig geschmeidig ist.
- Den Teig zu einer Kugel ausformen und abgedeckt an einem warmen Ort etwa dreißig Minuten gehen lassen.

# Pizzen, Tartes und herzhafte Backwaren

- Danach den Teig auf der bemehlten Arbeitsfläche zu einer etwa fünf Zentimeter dicken Rolle ausformen und diese in acht Scheiben schneiden. Die Scheiben mit dem Handrücken etwas platt drücken, sodass kleine »Schiffchen« entstehen.
- Den Teig nochmals fünfzehn bis zwanzig Minuten gehen lassen.
- Für den **Belag** das Tomatenmark mit dem Miso, Ahornsirup, den gehackten Kräutern und dem Wasser verrühren. Die Tomatensauce herzhaft mit Salz und Pfeffer würzen, dann auf die Pizza-Schiffchen streichen.
- Den Räuchertofu fein würfeln und auf der Tomatensauce verteilen.
- Die Ananasstücke darübergeben und mit etwas Currypulver überstreuen.
- Für die **Cremesauce** die Sojasahne mit den Hefeflocken, dem Kichererbsenmehl und dem Paprikapulver verrühren. Die Pizza-Schiffchen damit überträufeln.
- Die Pizza-Schiffchen im Backofen bei 200 °C etwa zwanzig Minuten backen, bis die Cremesauce leicht gebräunt ist.

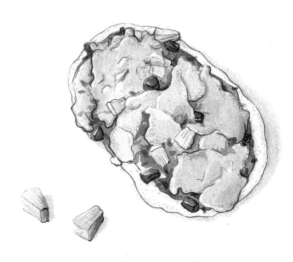

## Tarte mit karamellisierten Zwiebeln und Mandelfrischkäse

*500 g rote Zwiebeln*
*1 – 2 Knoblauchzehen*
*2 EL Rapsöl*
*1 EL Roh-Rohrzucker*
*1 EL Sherry-Essig*
*Meersalz*
*frisch gemahlener schwarzer Pfeffer*

**Für den Mandelfrischkäse:**
*150 g Tofu (natur)*
*50 g blanchierte und gemahlene Mandeln*
*200 g Soja- oder Hafersahne*
*2 EL fein gehackter Thymian*
*2 TL grobkörniger Senf*
*1 EL Weißweinessig*
*3 MSP gemahlene Muskatnuss*
*Meersalz*
*frisch gemahlener schwarzer Pfeffer*

*Öl für die Tarteform*
*250 g frischer Blätterteig*
   *ersatzweise tiefgekühlt und aufgetaut*

- Die Zwiebeln schälen und in feine Ringe schneiden, die Knoblauchzehen schälen und fein hacken.
- Das Öl in einer Pfanne erhitzen und die Zwiebeln und den Knoblauch darin kurz anschwitzen.
- Dann den Zucker und den Sherry-Essig dazugeben und die Zwiebeln bei mittlerer Temperatur und gelegentlichem Rühren langsam braun werden lassen.
- Dann herzhaft mit Salz und Pfeffer abschmecken.
- Für den **Mandelfrischkäse** den Tofu kurz abspülen, in Küchenkrepp einschlagen und vorsichtig das überschüssige Wasser auspressen. Danach grob würfeln.

# Pizzen, Tartes und herzhafte Backwaren

- Den Tofu zusammen mit den Mandeln und der Sojasahne in ein hochwandiges Rührgefäß geben und mit dem Pürierstab zu einer glatten Creme pürieren.
- Danach den Thymian, den Senf, Essig und die gemahlene Muskatnuss unterrühren.
- Die Tofumasse mit Salz und Pfeffer abschmecken.
- Eine gefettete Tarteform mit dem Blätterteig auskleiden und diesen bei 200 °C im Backofen fünf Minuten vorbacken.
- Dann den Mandelfrischkäse auf den Blätterteig streichen und die karamellisierten Zwiebeln darüber verteilen.
- Die Tarte bei 180 °C im Backofen etwa vierzig Minuten backen.

## Knoblauch-Käse-Kekse

*für etwa zwanzig Kekse*

*300 g Weizenmehl (Type 1050)*
*50 g Hefeflocken*
*2 TL Backpulver*
*1 TL mildes Paprikapulver*
*1 TL Meersalz*
*2 – 3 Knoblauchzehen (oder mehr nach Geschmack)*
*150 ml trockener Weißwein*
  *ersatzweise Wasser mit 1 EL Apfelessig*
*50 ml Sonnenblumenöl*
*1 EL Olivenöl*

- Das Mehl sowie die anderen trockenen Zutaten in einer Schüssel gut miteinander vermischen.
- In der Mitte des Mehls eine Mulde ausformen und die durchgepressten Knoblauchzehen, den Weißwein sowie das Sonnenblumenöl hineingeben.
- Das Mehl von der Mitte aus mit der Flüssigkeit vermengen. Dann den Teig so lange verkneten, bis er geschmeidig ist und nicht mehr am Schüsselrand klebt.
- Den Teig zu einer etwa 30 Zentimeter lagen Rolle ausformen.
- Die Rolle in etwa ein Zentimeter dicke Scheiben schneiden und diese auf ein mit Backpapier ausgelegtes Backblech legen.
- Die Scheiben mit dem Olivenöl bepinseln und bei 200 °C im Backofen etwa fünfzehn Minuten backen.

# Snacks und Sandwiches

### *Bagels mit Gemüsefüllung nach Frischkäseart*

*4 Bagels*
*200 g gekochte weiße Bohnen*
*70 ml Soja- oder Reisdrink*
*1 kleine Karotte*
*1 kleine Frühlingszwiebel*
*1 kleine Stange Staudensellerie*
*1 – 2 Spritzer Zitronensaft*
*1 EL weißer Balsamico-Essig*
*1 EL Sonnenblumenöl*
*1 TL Johannisbrotkernmehl*
*2 EL fein gehackter Schnittlauch*
*1 EL fein gehackter Dill*
*Meersalz*
*frisch gemahlener weißer Pfeffer*
*grüne Chilisauce*
*4 große Salatblätter*

- Die Bagels aufschneiden und die Schnittflächen auf dem Toaster leicht rösten.
- Die Bohnen zusammen mit dem Sojadrink in ein hochwandiges Rührgefäß geben und mit dem Pürierstab zu einer feinen Creme pürieren.
- Die Karotte raspeln, die Frühlingszwiebel in feine Scheiben schneiden und den Staudensellerie fein würfeln. Das Gemüse unter die Bohnencreme ziehen.
- Den Zitronensaft, Essig, das Sonnenblumenöl und das Johannisbrotkernmehl unterrühren.
- Die fein gehackten Kräuter dazugeben und die Gemüsefüllung mit Salz, Pfeffer und grüner Chilisauce abschmecken.
- Die Salatblätter auf die unteren Bagelhälften legen und die Gemüsefüllung darauf verteilen. Bagelhälften zusammenklappen und servieren.

176　　　　　　　　　　　　　　　　　　Snacks und Sandwiches

## *Blätterteiggebäck mit Sesamcremefüllung*

*für fünfzehn Stück*

*250 g frischer Blätterteig*
　*ersatzweise tiefgekühlt und aufgetaut*
*50 ml Soja- oder Hafersahne*
*5 EL Hefeflocken*
*2 EL Zitronensaft*
*2 EL geschälte Sesamsamen*
*2 EL Tahin*
*2 TL mildes Paprikapulver*
*Meersalz*
*frisch gemahlener weißer Pfeffer*
*2 – 3 TL Schwarzkümmel*

- Den Blätterteig auf der leicht bemehlten oder mit Backpapier ausgelegten Arbeitsfläche zu einem Rechteck ausbreiten (tiefgekühlten und aufgetauten Blätterteig ausrollen).
- Die Sojasahne mit den Hefeflocken, dem Zitronensaft, den Sesamsamen, dem Tahin und Paprikapulver verrühren. Herzhaft mit Salz und Pfeffer abschmecken.
- Die Creme auf den Blätterteig streichen.
- Den Blätterteig von der rechten und linken langen Seite zur Mitte hin zusammenfalten. Noch einmal überschlagen. Die so entstandene Rolle in etwa zwei Zentimeter breite Stücke schneiden.
- Die Stücke auf ein mit Backpapier ausgelegtes Backblech legen und mit dem Schwarzkümmel überstreuen. Den Schwarzkümmel etwas andrücken.
- Das Gebäck im Backofen bei 200 °C etwa fünfzehn Minuten backen.
- Vor dem Servieren ein wenig abkühlen lassen.

## *Schneller Käsetoast*

*4 Scheiben Vollkorntoast*
*6 EL Hefeflocken*
*3 – 4 EL Olivenöl*
*1 EL milder Senf*
*1 – 2 durchgepresste Knoblauchzehen*
*etwas mildes Paprikapulver*

- Die Toastscheiben im Toaster oder im Backofen rösten.
- Die Hefeflocken mit dem Olivenöl, dem Senf und den durchgepressten Knoblauchzehen verrühren.
- Die Hefeflockenmasse auf die Toastscheiben streichen und mit etwas Paprikapulver bestreuen.
- Die Toastscheiben bei 200 °C im Backofen etwa zehn Minuten überbacken, bis die Oberflächen leicht gebräunt sind.

> Den Toast mit Tomatenscheiben, Zwiebelringen, in Streifen geschnittener Paprika oder auch Apfel- oder Birnenspalten belegen, mit etwas Pfeffer würzen und überbacken.
> Durch das Gemüse oder Obst verlängert sich die Zeit zum Überbacken um etwa fünf Minuten.

## Heißes Tex-Mex-Sandwich

8 Scheiben Vollkorntoast
10 – 12 EL käsige Avocadocreme (Rezept s. S. 44)
2 Tomaten
4 EL gegarter Gemüsemais
2 EL fein gehackte Zwiebel
1 TL mildes Paprikapulver
etwas rote Chilisauce

- Die Toastscheiben im Toaster oder Backofen leicht rösten.
- Vier Toastscheiben mit der Avocadocreme bestreichen.
- Die Tomaten in Scheiben schneiden und auf die Avocadocreme geben.
- Den Mais und die gehackte Zwiebel darauf verteilen.
- Mit dem Paprikapulver bestreuen und mit etwas Chilisauce nach Geschmack würzen.
- Die verbliebenen Toastscheiben auflegen und das Tex-Mex-Sandwich im Backofen oder Grill bei 200 °C etwa zehn Minuten rösten, bis die Füllung heiß ist.

 Die Avocadofüllung zwar warm werden lassen, jedoch nicht zu heiß, weil sie dann bitter schmeckt.

Snacks und Sandwiches

## Mediterrane Tofu-Bruschetta

*125 g Tofu (natur)*

**Für die Marinade:**
*4 EL Wasser*
*3 EL Olivenöl*
*2 EL Balsamico-Essig*
*2 EL Tomatenmark*
*1 TL getrocknete Kräuter der Provence*
*1 durchgepresste Knoblauchzehe*
*2 MSP Meersalz*
*etwas frisch gemahlener schwarzer Pfeffer*

**Für die Bruschetta:**
*2 – 3 EL Olivenöl*
*4 Scheiben Ciabatta oder französisches Stangenweißbrot (500 g)*
*1 Frühlingszwiebel*
*12 entkernte schwarze Oliven*
*4 Mini-Flaschentomaten oder 8 Datteltomaten*
*8 Basilikumblättchen*

- Den Tofu kurz abbrausen, in Küchenkrepp einschlagen und vorsichtig das überschüssige Wasser auspressen. Danach in mundgerechte Würfel schneiden.
- Für die **Marinade** alle Zutaten zusammenrühren und die Tofuwürfel mindestens zwei Stunden darin ziehen lassen.
- Für die **Bruschetta** das Olivenöl in der Pfanne erhitzen und die Brotscheiben darin von beiden Seiten anrösten.
- Die Frühlingszwiebel in feine Scheiben schneiden, die Oliven halbieren und die Tomaten vierteln (die Datteltomaten lediglich halbieren).
- Das Gemüse zum Tofu geben, alles kurz in der Marinade schwenken und auf den Brotscheiben verteilen.
- Die Basilikumblättchen grob hacken und die Bruschetta damit vor dem Servieren überstreuen.

## Kürbis-Bruschetta

2 Schalotten
2 EL Olivenöl
500 g Hokkaidokürbis
1 Lorbeerblatt
1 EL Roh-Rohrzucker
1 ½ EL weißer Balsamico-Essig
½ Bund glatte Petersilie
70 g Walnusskerne
1 EL fein gehackter Rosmarin
Meersalz
frisch gemahlener schwarzer Pfeffer

**Für die Bruschetta:**
2 Baguettebrötchen
1 – 2 Knoblauchzehen
4 TL Olivenöl

- Die Schalotten schälen und fein hacken und im heißen Olivenöl in einer mittelgroßen Pfanne anschwitzen.
- Das Kürbisfleisch fein würfeln und zusammen mit dem Lorbeerblatt in die Pfanne geben.
- Das Kürbisfleisch weich, aber noch bissfest schmoren.
- Den Zucker und den Essig hinzufügen und gut verrühren, bis der Zucker sich komplett aufgelöst hat.
- Die Petersilie kurz abbrausen, trockentupfen und fein hacken.
- Die Walnusskerne mittelfein hacken und zusammen mit der Petersilie und dem Rosmarin in die Pfanne geben. Alles noch drei bis vier Minuten schmoren, dann das Lorbeerblatt entfernen.
- Die Kürbispfanne mit Salz und Pfeffer abschmecken.
- Für die **Bruschetta** die Baguettebrötchen aufschneiden und die aufgeschnittenen Hälften auf dem Toaster oder unter dem Grill goldbraun rösten.
- Die Knoblauchzehen schälen und halbieren.
- Die Brötchenhälften kräftig mit den Knoblauchhälften abreiben.

# Snacks und Sandwiches

- Dann jede Brötchenhälfte mit einem Teelöffel Olivenöl überträufeln.
- Das Kürbisfleisch auf den Brötchenhälften verteilen und die Bruschetta servieren.

 Geschmorter Kürbis harmoniert wunderbar mit Feldsalat und ergibt im Handumdrehen eine nicht nur farblich beeindruckende Vorspeise:
Bereiten Sie den Kürbis wie oben angegeben, doch ohne die Bruschetta zu.
Waschen und putzen Sie 200 Gramm Feldsalat.
Schwenken Sie den Salat in süßpikantem Dressing (Rezept s. S. 79) und verteilen Sie ihn auf vier großen Tellern.
Geben Sie die noch lauwarme Kürbispfanne auf den Feldsalat und überstreuen Sie jede Portion mit einem Esslöffel fein gehackter Petersilie.
Servieren Sie knuspriges Baguette oder feines Nussbrot dazu.

## Mango-Nuss-Burger

*200 g Mandel-Nuss-Tofu*
*1 – 2 EL Rapsöl*
*½ reife, geschälte Mango*
*4 Vollkornburger*
*12 EL milder Streichkäse mit Walnüssen (Rezept s. S. 54)*
*4 Salatblätter*
*frisch gemahlener schwarzer Pfeffer*

- Den Tofu in acht gleich dicke Scheiben schneiden.
- Das Öl erhitzen und die Tofuscheiben darin von beiden Seiten kross anbraten.
- Die Mangohälfte in dünne Scheiben schneiden.
- Die Vollkornburger aufschneiden und jede Hälfte mit eineinhalb Esslöffel Streichkäse mit Walnüssen bestreichen.
- Die unteren Burgerhälften jeweils mit einem Salatblatt belegen und auf jede Hälfte zwei Scheiben Mandel-Nuss-Tofu geben.
- Die Mangoscheiben darauf verteilen und mit etwas Pfeffer würzen.
- Die Burgerhälften zusammenklappen und servieren.

Snacks und Sandwiches                                        183

## *Pilzsemmel mit Käsecreme*

*4 große Riesenchampignons*
*1 Knoblauchzehe*
*1 – 2 EL Olivenöl*
*Meersalz*
*frisch gemahlener weißer Pfeffer*
*4 Semmeln oder Kaiserbrötchen*
*4 Hand voll geputzter und gewaschener Feldsalat*

**Für die Käsecreme:**
*50 ml Soja- oder Hafersahne*
*4 EL blanchierte und gemahlene Mandeln*
*2 EL Hefeflocken*
*2 EL Kichererbsenmehl*
*1 EL weißes Tahin*
*1 EL Senf auf provenzalische Art*
*1 EL Zitronensaft*

- Die Champignons mit feuchtem Küchenkrepp säubern. Die Stiele ausbrechen und anderweitig verwenden.
- Die Knoblauchzehe schälen und halbieren und die Pfanne damit kräftig ausreiben.
- Das Öl in der Pfanne erhitzen und die Champignons von beiden Seiten darin anbraten. Dann die Temperatur etwas reduzieren und die Champignons so lange schmoren, bis sie weich sind und keinen Saft mehr abgeben.
- Mit Salz und Pfeffer würzen.
- Für die **Käsecreme** alle Zutaten zu einer glatten Creme verrühren.
- Mit Salz und Pfeffer abschmecken.
- Die Semmeln aufschneiden.
- Die Käsecreme auf den Semmelhälften verstreichen.
- Auf die unteren Semmelhälften jeweils eine Hand voll Feldsalat geben.
- Darauf jeweils einen Champignon legen.
- Die oberen Semmelhälften auflegen und die Pilzsemmel servieren.

### Röstbaguette mit Käse-Kräuter-Creme

*2 Baguettes (à 250 g)*

**Für die Käse-Kräuter-Creme:**
*100 g streichfähige Margarine
2 TL Cognac (nach Wahl)
1 EL Zitronensaft
1 durchgepresste Knoblauchzehe
3 – 4 EL Hefeflocken
6 EL fein gehackte krause Petersilie
Meersalz
frisch gemahlener weißer Pfeffer*

- Die Baguettes der Länge nach aufschneiden, in der Mitte halbieren und im Backofen oder auf dem Toaster von beiden Seiten kräftig rösten.
- Für die **Käse-Kräuter-Creme** in der Zwischenzeit die Margarine mit den übrigen Zutaten verrühren und herzhaft mit Salz und Pfeffer abschmecken.
- Die Käsecreme auf die noch warmen Baguettehälften streichen und servieren.

Snacks und Sandwiches                                                185

## Halbwarmes Sauerkrautsandwich

*8 Scheiben Vollkorntoast*
*2 EL Rapsöl*
*2 kleine Zwiebeln*
*Meersalz*
*frisch gemahlener schwarzer Pfeffer*
*8 dünne Scheiben Räuchertofu*
*200 g Sauerkraut*
*5 EL milde Mandelmayonnaise (Rezept s. S. 78)*
*2 EL Ketchup*
*1 TL mildes Paprikapulver*
*1 – 2 Spritzer rote Chilisauce*
*4 TL grobkörniger Senf*
*8 dünne Spalten Weichkäse nach Mozzarella-Art (Rezept s. S. 65)*

- Die Toastbrotscheiben im Toaster oder Backofen rösten.
- Einen Esslöffel Rapsöl erhitzen und die geschälten und in Scheiben geschnittenen Zwiebeln darin goldbraun braten. Mit Salz und Pfeffer würzen.
- Die Zwiebelringe aus der Pfanne nehmen, einen weiteren Esslöffel Rapsöl erhitzen und die Räuchertofuscheiben darin von beiden Seiten anbräunen.
- Sauerkraut gut abtropfen lassen und eventuell etwas klein schneiden.
- Die Mayonnaise mit dem Ketchup und dem Paprikapulver verrühren und mit der Chilisauce abschmecken.
- Vier Toastscheiben mit der Mayonnaisemischung bestreichen.
- Vier Toastscheiben mit dem Senf bestreichen.
- Räuchertofu auf die mit Senf bestrichenen Toastscheiben legen.
- Das Sauerkraut und danach die Zwiebelringe darauf verteilen.
- Mit den Käsespalten nach Mozzarella-Art belegen.
- Die belegten Toastscheiben im Backofen bei 200 °C **Umluft mit zugeschalteter Oberhitze** oder **unter dem Grill** etwa zehn Minuten überbacken, bis der Weichkäse leicht gebräunt ist.
- Die verbliebenen vier Toastscheiben mit der Mayonnaise auflegen und die Sandwiches servieren.

## Tomaten-Paprika-Frittata

*150 g Weizenmehl (Type 1050)*
*1 TL Backpulver*
*½ TL Meersalz*
*½ TL gemahlene Kurkuma*
*3 EL Hefeflocken*
*1 EL Rapsöl*
*300 ml Soja- oder Reisdrink*
*1 große Zwiebel*
*1 – 2 Knoblauchzehen*
*1 EL Olivenöl*
*2 Tomaten*
*1 große rote Paprika*
*3 EL Tomatenmark*
*3 EL fein gehackte krause Petersilie*
*1 EL fein gehackter Thymian*
*Meersalz*
*etwas scharfes Paprikapulver*
*2 – 4 EL Olivenöl*

- Das Weizenmehl mit dem Backpulver, dem Salz, der Kurkuma, den Hefeflocken und dem Öl verrühren.
- Nach und nach den Sojadrink dazugeben und zu einem flüssigen Teig verrühren.
- Den Teig etwa eine Viertelstunde ruhen lassen.
- Die Zwiebel und den Knoblauch schälen und fein hacken und im heißen Öl glasig dünsten.
- Die Tomaten an den Stielansätzen kreuzförmig einschneiden, mit kochend heißem Wasser überbrühen, etwas ruhen lassen und dann enthäuten.
- Das Fruchtfleisch würfeln.
- Die Paprika entkernen und ebenfalls würfeln.
- Die Tomaten und die Paprika zur Zwiebel in die Pfanne geben und so lange bei mittlerer Temperatur schmoren, bis sie keinen Saft mehr abgeben.

# Snacks und Sandwiches

- Das Tomatenmark und die fein gehackten Kräuter unterrühren.
- Herzhaft mit Salz und scharfem Paprikapulver abschmecken.
- Dann das Gemüse aus der Pfanne nehmen und die Pfanne mit etwas Küchenkrepp säubern.
- Ein bis zwei Esslöffel Olivenöl in der Pfanne verteilen und das Gemüse zurück in die Pfanne geben.
- Den Teig nochmals gut durchrühren, dann über das Gemüse gießen. Vorsichtig vermischen.
- Die Frittata langsam bei knapp mittlerer Temperatur stocken lassen.
- Wenn die Frittata gestockt und die Unterseite etwas gebräunt ist, einen Teller auf die Pfanne legen, die Pfanne wenden und die Frittata auf den Teller gleiten lasen.
- Ein bis zwei weitere Esslöffel Olivenöl in der Pfanne verteilen, dann die Frittata mit der nicht gebräunten Seite zurück in die Pfanne geben.
- So lange schmoren, bis auch diese Seite leicht angebräunt ist.
- Dann in Portionen teilen und heiß oder auch kalt servieren.

 Die Frittata lässt sich am besten in einer beschichteten Pfanne zubereiten.

## Walisische Käsecreme-Brötchen

4 Brötchen
  ersatzweise 4 große Scheiben Bauernbrot

**Für die Käsecreme:**
200 g Tofu (natur)
1 Knoblauchzehe
½ Zwiebel
50 g gesalzene und geröstete Macadamiakerne
200 ml helles Bier
  ersatzweise alkoholfreies Bier
4 EL Hefeflocken
3 EL Tomatenmark
2 EL Instanthaferflocken (Vollkorn)
2 EL fein gehackte glatte Petersilie
1 EL fein gehackter Majoran
1 EL Apfelessig
1 TL Johannisbrotkernmehl
1 TL mildes Paprikapulver
ein paar Spritzer Worcestersauce
Meersalz
frisch gemahlener schwarzer Pfeffer

- Die Brötchen aufschneiden und die aufgeschnittenen Hälften auf dem Toaster rösten (oder das Brot von beiden Seiten rösten).
- Für die **Käsecreme** den Tofu kurz abbrausen, in Küchenkrepp einschlagen und vorsichtig das überschüssige Wasser auspressen. Danach den Tofu grob würfeln.
- Die Knoblauchzehe schälen und vierteln, die Zwiebel schälen und grob würfeln.
- Die Macadamiakerne im Mixbehälter der Küchenmaschine staubfein zerkleinern.
- Den Tofu, die Knoblauchzehe, die Zwiebel, das Bier, die Hefeflocken, das Tomatenmark und die Instanthaferflocken dazugeben und so lange pürieren, bis eine glatte Creme entstanden ist.

Snacks und Sandwiches

- Die Petersilie, den Majoran, Apfelessig, das Johannisbrotkernmehl und das Paprikapulver unterrühren.
- Die Creme mit etwas Worcestersauce, Salz und Pfeffer abschmecken.
- Die Creme in einen kleinen Topf umfüllen und unter ständigem Rühren einmal aufkochen. Danach die Temperatur reduzieren und die Creme drei bis vier Minuten köcheln lassen.
- Die heiße Käsecreme auf die Brötchenhälften streichen und diese im Backofen bei 220 °C etwa zehn Minuten überbacken.

 Falls Sie mutig sind, machen Sie es wie die Waliser und ersetzen Sie das helle Bier durch dunkles Schwarzbier, wodurch die Käsecreme einen malzig würzigen Geschmack erhält.

# Süßspeisen und Desserts

## Apfel-Krümelkuchen mit Birnencreme

### Für den Apfel-Krümelkuchen:
350 g Dinkelmehl (Type 630)
1 MSP Meersalz
2 TL Backpulver
2 TL gemahlener Zimt
200 g Roh-Rohrzucker
1 Päckchen Vanillezucker
3 EL Sojamehl
6 EL Wasser
120 g streichfähige Margarine
100 ml Soja- oder Reisdrink
3 EL Rum
    ersatzweise kalter schwarzer Tee mit ein paar Tropfen Rumaroma
3 Äpfel (etwa 500 g)
Fett für die Tarteform

### Für die Birnencreme:
200 g Tofu (natur)
2 kleine reife Bananen
½ Vanilleschote
2 EL Roh-Rohrzucker
1 EL Rapsöl
50 ml Soja- oder Reisdrink
1 kleine Birne

- Für den **Krümelkuchen** das Dinkelmehl mit dem Salz, Backpulver, dem Zimt und dem Zucker vermischen.
- Das Sojamehl mit dem Wasser verrühren und ebenfalls unter das Mehl mischen.

Süßspeisen und Desserts

- Die Margarine in Flöckchen dazugeben und den Teig mit den Händen verkneten, bis er eine krümelige Konsistenz aufweist.
- Den Sojadrink und den Rum unterkneten, dadurch wird der Teig etwas geschmeidiger.
- Die Äpfel vierteln, schälen und entkernen, dann in kleine Würfel schneiden.
- Die Apfelwürfel unter den Teig ziehen.
- Den Teig in eine gefettete Tarteform geben und glatt streichen.
- Den Apfel-Krümelkuchen im Backofen bei 200 °C etwa vierzig Minuten backen.
- Für die **Birnencreme** den Tofu kurz abbrausen, in Küchenkrepp einschlagen und vorsichtig das überschüssige Wasser auspressen. Danach den Tofu grob würfeln und in ein hochwandiges Rührgefäß geben.
- Die Bananen schälen und in Scheiben schneiden und zusammen mit dem ausgekratzten Mark der Vanilleschote, dem Zucker, dem Rapsöl und Sojadrink ebenfalls in das Rührgefäß geben.
- Alles mit dem Pürierstab zu einer glatten Creme pürieren.
- Die Birne vierteln, schälen, entkernen und in sehr feine Würfel schneiden.
- Die Birnenwürfel unter die Creme ziehen und die Creme zum noch warmen Apfelkuchen servieren.

 Der Tofu und die Bananen sollten vor der Verarbeitung sehr gut gekühlt sein. Falls möglich empfiehlt es sich, die Bananen vorher fünfzehn Minuten ins Gefrierfach zu legen.
Reste des Apfel-Krümelkuchens schmecken natürlich auch hervorragend kalt.

## Birnen-Schichtdessert mit Kokos-Buttercreme

*10 Vollkornzwiebäcke*
*4 EL Kakao*
*3 EL Roh-Rohrzucker*
*150 ml Apfelsaft*
*3 große Birnen*
*2 EL Margarine*
*4 EL Roh-Rohrzucker*

**Für die Kokos-Buttercreme:**
*400 ml Kokosmilch*
  *ersatzweise Mandelmilch*
*50 g Kokosflocken*
*2 Päckchen Vanillezucker*
*2 EL weißer Rum*
  *ersatzweise ein paar Tropfen Rumaroma*
*100 ml Wasser*
*1 Beutel (10 g) Agar-Agar*
  *oder 2 TL Agar-Agar-Pulver*
*60 g Margarine*

*30 g Zartbitterschokolade*

- Die Vollkornzwiebäcke im Mixbehälter der Küchenmaschine staubfein zerkleinern.
- Den Kakao und Zucker sowie den Apfelsaft dazugeben und nochmals gründlich pürieren, sodass eine sämige Teigmasse entsteht.
- Die Teigmasse auf dem Boden einer mittelgroßen Dessertschüssel verteilen.
- Die Birnen vierteln, schälen, entkernen und in Spalten schneiden.
- Die Margarine in einer Pfanne zum Schmelzen bringen.
- Den Zucker hinzufügen und bei mittlerer Temperatur und ständigem Rühren so lange erhitzen, bis der Zucker flüssig wird und karamellisiert.

Süßspeisen und Desserts 193

- Die Birnenspalten dazugeben und so lange rühren, bis sie komplett mit dem Karamellsirup überzogen sind.
- Die Birnenspalten auf der Teigmasse verteilen.
- Für die **Kokos-Buttercreme** die Kokosmilch mit den Kokosflocken, dem Vanillezucker und dem Rum verrühren.
- Das Wasser in einem kleinen Topf zum Kochen bringen und das Agar-Agar einrieseln lassen. Mindestens zwei Minuten unter ständigem Rühren sprudelnd kochen.
- Dann den Topf vom Herd nehmen und die Margarine unterrühren.
- So lange rühren, bis die Margarine komplett geschmolzen ist, dann die Masse zur Kokosmilch geben und gut vermischen.
- Die Kokos-Buttercreme über die Birnen geben und glatt streichen.
- Das Schichtdessert mindestens vier Stunden, am besten jedoch über Nacht, im Kühlschrank durchkühlen lassen.
- Dann mit der geraspelten Zartbitterschokolade überstreuen und servieren.

## Joghurttorte mit Mandarinen

**Für den Teig:**
300 g Weizenmehl (Type 1050)
1 MSP Meersalz
1 Päckchen Backpulver
150 g Roh-Rohrzucker
100 g streichfähige Margarine
100 g Soja- oder Reisdrink
Fett für die Springform

**Für die Joghurtfüllung:**
350 g Mandarinenspalten (filetiert oder aus dem Glas)
800 g Sojajoghurt
250 ml Soja- oder Hafersahne
6 – 8 EL Puderzucker
1 Päckchen Vanillezucker
Saft einer kleinen Zitrone
150 ml Mandarinensaft oder Einmachflüssigkeit
3 Beutel (à 10 g) Agar-Agar
    oder 6 TL Agar-Agar-Pulver

- Für den **Teig** das Weizenmehl mit dem Salz, Backpulver und Zucker vermischen.
- Die Margarine in Flöckchen sowie den Sojadrink hinzufügen und alles schnell zu einem geschmeidigen Teig verkneten.
- Den Teig zu einer Kugel ausformen, in Klarsichtfolie einschlagen und eine halbe bis ganze Stunde im Kühlschrank ruhen lassen.
- Danach eine gut gefettete Springform (Ø 28 Zentimeter) mit dem Teig auskleiden, dabei einen drei bis vier Zentimeter hohen Rand ausformen.
- Den Teig mit Backpapier abdecken und im Backofen bei 180 °C etwa zwanzig Minuten backen.
- Der Teig kann in der Springform verbleiben, sollte jedoch vor der Weiterverarbeitung komplett auskühlen.

Süßspeisen und Desserts

- Für die **Joghurtfüllung** die Mandarinenspalten abgießen und gut abtropfen lassen. Den Saft auffangen.
- Sechszehn Mandarinenspalten zur Seite legen.
- Den Sojajoghurt und die Sojasahne im Mixbehälter der Küchemaschine verrühren.
- Den Zucker und den Zitronensaft unterrühren.
- Den Mandarinensaft oder 150 Milliliter der aufgefangenen Einmachflüssigkeit in einen kleinen Topf geben und zum Kochen bringen.
- Das Agar-Agar einrieseln lassen und den Saft unter ständigem Rühren mindestens zwei Minuten sprudelnd kochen.
- Danach den Saft ebenfalls in den Mixbehälter der Küchenmaschine geben und alles nochmals gründlich pürieren.
- Vorsichtig die Mandarinen unterziehen.
- Den Rand der Springform innen mit Klarsichtfolie auskleiden. Die Joghurtmasse vorsichtig auf dem Teig verteilen und glatt streichen.
- Die verbliebenen sechzehn Mandarinenspalten zur Dekoration darauf verteilen.
- Die Joghurttorte über Nacht im Kühlschrank komplett durchkühlen lassen.
- Danach den Rand der Springform lösen, die Klarsichtfolie entfernen und die Torte servieren.

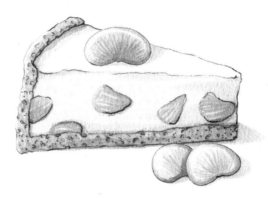

## Klassischer Tofu-Käsekuchen

**Für den Teig:**
250 g Dinkelmehl (Type 630)
100 g Roh-Rohrzucker
2 TL Backpulver
1 MSP Meersalz
120 g streichfähige Margarine
60 ml Soja- oder Reisdrink

**Für die Füllung:**
600 g Tofu (natur)
Saft und Schale einer unbehandelten Zitrone
200 ml Soja- oder Reisdrink
½ Vanilleschote
150 g Puderzucker
50 g Speisestärke
2 TL Johannisbrotkernmehl
1 TL gemahlene Kurkuma
250 ml Soja- oder Hafersahne
Margarine oder Öl für die Form
6 EL Puderzucker

- Für den **Teig** das Dinkelmehl mit dem Zucker, Backpulver und Salz vermischen.
- In der Mitte des Mehls eine Mulde ausformen. Die Margarine in Flöckchen auf dem Mehl verteilen und den Sojadrink in die Mulde gießen.
- Den Teig von der Mitte aus zügig vermischen und zu einem geschmeidigen Teig verkneten.
- Den Teig in Klarsichtfolie einschlagen und etwa eine Stunde im Kühlschrank ruhen lassen.
- Für die **Füllung** den Tofu kurz abbrausen, in Küchenkrepp einschlagen und vorsichtig das überschüssige Wasser auspressen.
- Danach den Tofu grob würfeln und zusammen mit dem Zitronensaft, der fein geriebenen Zitronenschale und dem Sojadrink in den Mixbehälter der Küchenmaschine geben.

# Süßspeisen und Desserts

- Das Ganze zu einer feinen Creme pürieren.
- Die Vanilleschote auskratzen und das Mark zur Tofumasse geben.
- Den Puderzucker, die Speisestärke, das Johannisbrotkernmehl sowie die Kurkuma hinzufügen und nochmals gründlich pürieren.
- Die Sojasahne unterrühren.
- Eine gefettete Springform (Ø 28 Zentimeter) mit dem Teig auskleiden, dabei einen gut drei Zentimeter hohen Rand ausformen.
- Die Tofumasse auf den Teig geben und glatt streichen.
- Den Tofu-Käsekuchen bei 180 °C im Backofen etwa sechzig Minuten backen.
- Den Tofu-Käsekuchen abkühlen lassen und vor dem Servieren mit dem Puderzucker überstäuben.

## Safran-Panna-Cotta mit Winterkompott

**Für die Safran-Panna-Cotta:**
*1 Vanilleschote*
*300 ml Soja- oder Hafersahne*
*100 g blanchierte und gemahlene Mandeln*
*4 EL Puderzucker*
*2 ½ TL Johannisbrotkernmehl*
*1 Faden oder 1 Beutelchen Safran*

**Für das Winterkompott:**
*100 ml lieblicher Cidre*
   *ersatzweise Apfelsaft*
*75 g Roh-Rohrzucker*
*50 g Korinthen*
*50 g Sultaninen*
*50 g Zitronat*
*50 g Orangeat*
*50 g getrocknete Cranberrys*
*100 g gehackte Mandeln*
*2 Äpfel*
*Saft und Schale einer halben unbehandelten Zitrone*
*Saft und Schale einer halben unbehandelten Orange*
*½ TL Lebkuchengewürz*
*2 TL Johannisbrotkernmehl*
*40 ml Brandy oder Cognac*
   *ersatzweise Orangen- oder Apfelsaft mit ein paar Tropfen Rumaroma*

- Für die **Safran-Panna-Cotta** die Vanilleschote auskratzen und das Mark zusammen mit der Sojasahne in einen kleinen Topf geben.
- Unter ständigem Rühren zum Kochen bringen. Zwei bis drei Minuten kochen, dann die Temperatur reduzieren.
- Die Mandeln und den Puderzucker unterrühren und die Panna Cotta fünf Minuten köcheln lassen.
- Danach das Johannisbrotkernmehl und den Safran unterrühren und den Topf vom Herd nehmen.

# Süßspeisen und Desserts

- Vier Puddingförmchen mit Klarsichtfolie ausschlagen und die Panna Cotta in die Förmchen gießen. Mit der Klarsichtfolie abdecken.
- Die Panna Cotta über Nacht im Kühlschrank gut durchkühlen lassen.
- Für das **Kompott** den Cidre in einen Topf geben und bei mittlerer Temperatur unter ständigem Rühren den Zucker einrieseln lassen. So lange rühren, bis sich der Zucker komplett aufgelöst hat.
- Dann die Korinthen, Sultaninen, das Zitronat, Orangeat, die Cranberrys und Mandeln unterrühren.
- Die Äpfel vierteln, entkernen und fein würfeln. Danach ebenfalls in den Topf geben.
- Den Saft und die abgeriebenen Schalen der Zitrone und Orange sowie das Lebkuchengewürz hinzufügen.
- Die Masse unter Rühren zum Kochen bringen, dann die Temperatur reduzieren und das Kompott etwa dreißig Minuten bei niedriger Temperatur köcheln lassen. Dabei ab und zu umrühren.
- Zum Schluss das Johannisbrotkernmehl und den Brandy unterrühren.
- Das Kompott vor dem Servieren über Nacht im Kühlschrank komplett durchkühlen lassen.
- Zum Servieren die Panna Cotta auf einen Dessertteller stürzen, die Klarsichtfolie entfernen und das Kompott ringförmig um die Panna Cotta verteilen.

---

Safran-Panna-Cotta mit Winterkompott ist ein Dessert, das wunderbar in die Weihnachtszeit passt. Im Frühjahr und Sommer, wenn Beeren wie Erdbeeren, Himbeeren, Johannisbeeren, Brombeeren oder auch Heidelbeeren Saison haben, macht sich eine frische, etwas abgewandelte Version ebenfalls sehr gut. Dazu beim Kochen der Panna Cotta den Safran weglassen, dafür den Saft und die abgeriebene Schale einer halben unbehandelten Limette unterrühren. Ansonsten wie im Rezept verfahren. Anstelle des Winterkompotts 500 Gramm frische und leicht gezuckerte Beeren zur Panna Cotta servieren.

## Mokka-Käsekuchen

*Für den Teig:*
150 g Weizenvollkornmehl
150 g Weizenmehl (Type 1050)
50 g zarte Haferflocken
50 g Roh-Rohrzucker
2 TL Backpulver
1 TL Backnatron
1 MSP Meersalz
50 ml Rapsöl
150 ml Soja- oder Reisdrink
1 EL Apfelessig
Öl oder Margarine für die Springform

*Für die Füllung:*
200 g Tofu (natur)
100 g Kokosflocken
½ Vanilleschote
4 EL Erdnussmus
3 EL Kakao
5 EL Puderzucker
200 ml Soja- oder Hafersahne
100 ml Soja- oder Reisdrink
150 ml frisch gekochter Mokka oder Espresso
2 Beutel (à 10 g) Agar-Agar
    oder 4 TL Agar-Agar-Pulver

- Für den **Teig** alle trockenen Zutaten gut miteinander vermischen.
- Dann das Rapsöl, den Sojadrink und den Apfelessig unterrühren.
- Den Teig zügig verkneten und zu einer Kugel ausformen.
- Eine gut gefettete Springform (Ø 28 Zentimeter) mit dem Teig auskleiden, dabei einen gut drei Zentimeter hohen Rand ausformen.
- Die Teigoberfläche glätten (weil der Teig etwas klebrig ist, funktioniert dies am besten mit dem angefeuchteten Rücken eines Esslöffels).

# Süßspeisen und Desserts

- Den Teig bei 200 °C im Backofen etwa zwanzig Minuten backen, bis er leicht gebräunt und knusprig ist.
- Den Teig vor der Weiterverwendung komplett auskühlen lassen.
- Für die **Füllung** den Tofu kurz abbrausen, in Küchenkrepp einschlagen und vorsichtig das überschüssige Wasser auspressen. Danach den Tofu grob würfeln.
- Den Tofu zusammen mit den Kokosflocken, dem ausgekratzten Mark der Vanilleschote, dem Erdnussmus, dem Kakao, dem Puderzucker, der Sojasahne und dem Sojadrink in den Mixbehälter der Küchenmaschine geben und zu einer glatten Creme pürieren.
- Den Mokka in einem kleinen Topf zum Kochen bringen.
- Das Agar-Agar einrieseln lassen und gut zwei Minuten unter ständigem Rühren sprudelnd kochen.
- Dann die ganz kurz abgekühlte Mokkamischung ebenfalls in den Mixbehälter der Küchenmaschine geben und alles nochmals gründlich pürieren.
- Die Mokkacreme auf dem Teig verteilen und glatt streichen.
- Den Kuchen im Kühlschrank über Nacht durchkühlen lassen.

## Schokoladentorte mit Rumcremefüllung

*80 g Margarine*
*100 g Roh-Rohrzucker*
*2 reife Bananen*
*350 g Dinkelmehl (Type 630)*
*1 Päckchen Backpulver*
*40 g Kakao*
*1 EL Apfelessig*
*1 MSP Meersalz*
*200 ml Soja- oder Reisdrink*
*Margarine oder Öl für die Springform*

**Für die Rumcremefüllung:**
*6 EL Johannisbeergelee*
*100 g Zartbitterschokolade*
*200 g Tofu (natur)*
*100 ml Soja- oder Hafersahne*
*2 EL Rum*
    *ersatzweise abgekühlter schwarzer Tee mit ein paar Tropfen Rumaroma*
*3 EL Puderzucker*
*1 Päckchen Vanillezucker*
*1 TL Johannisbrotkernmehl*
*150 g Zartbitterkuvertüre*

- Die Margarine zum Schmelzen bringen, dann mit dem Zucker schaumig rühren.
- Die Bananen schälen, in Scheiben schneiden und mit einer Gabel oder einem Kartoffelstampfer in einer kleinen Rührschüssel zermusen.
- Die Bananen zur Margarine-Zucker-Mischung geben.
- Das Dinkelmehl mit dem Backpulver vermischen und löffelweise unter die Mischung rühren.
- Den Kakao, Apfelessig und das Salz dazugeben.
- Den Sojadrink nach und nach unterrühren. So lange rühren, bis ein cremiger Teig entstanden ist.

# Süßspeisen und Desserts

- Den Teig in eine gefettete Springform (Ø 26 Zentimeter) geben und bei 180 °C im Backofen etwa dreißig Minuten backen.
- Falls die Oberfläche zu braun wird, mit Backpapier abdecken.
- Die Schokoladentorte auskühlen lassen. Danach in zwei Hälften aufschneiden.
- Für die **Füllung** das Johannisbeergelee auf der unteren Tortenhälfte verteilen und glatt streichen.
- Die Zartbitterschokolade im Wasserbad zum Schmelzen bringen.
- Den Tofu kurz abbrausen, in Küchenkrepp einschlagen und vorsichtig das überschüssige Wasser auspressen. Danach den Tofu grob würfeln und in ein hochwandiges Rührgefäß geben.
- Die Sojasahne, den Rum, den Puderzucker und Vanillezucker sowie das Johannisbrotkernmehl dazugeben und alles mit dem Pürierstab zu einer glatten Creme pürieren.
- Die geschmolzene Schokolade unterrühren.
- Die Füllung auf dem Tortenboden verteilen und glatt streichen.
- Die obere Hälfte aufsetzen.
- Die Kuvertüre im Wasserbad schmelzen und die Schokoladentorte damit bestreichen.

## Spanische Mandelcremetorte

*Für die Mandelcreme:*
*200 g blanchierte und gemahlene Mandeln*
*200 g Roh-Rohrzucker*
*6 EL Speisestärke*
*2 MSP gemahlener Zimt*
*2 EL Rapsöl*
*½ TL gemahlene Kurkuma*
*Saft und Schale einer unbehandelten Zitrone*
*200 ml Wasser*

*Für den Teig:*
*100 g streichfähige Margarine*
*200 g Roh-Rohrzucker*
*200 g Dinkelmehl (Type 630)*
*100 g Speisestärke*
*5 TL Backpulver*
*1 MSP Salz*
*200 ml Soja- oder Reisdrink*
*Fett für Springform*

*6 – 8 EL Mandellikör*
*ersatzweise Mandelsirup*
*4 EL Puderzucker*

- Für die **Mandelcreme** die gemahlenen Mandeln mit dem Zucker, der Speisestärke, dem Zimt, Rapsöl und der Kurkuma in einem kleinen Topf verrühren.
- Die Zitronenschale, den Zitronensaft und das Wasser hinzufügen.
- Den Topf auf den Herd geben und die Mandelcreme unter ständigem Rühren zum Kochen bringen.
- Zwei bis drei Minuten kochen, bis die Creme Blasen wirft, dann den Topf vom Herd nehmen und die Mandelcreme etwas abkühlen lassen.
- Für den **Teig** die Margarine mit dem Zucker schaumig rühren.
- Das Mehl mit der Speisestärke, dem Backpulver und Salz vermischen.

Süßspeisen und Desserts 205

- Das Mehl portionsweise unter das Zucker-Margarine-Gemisch rühren.
- Nach und nach den Sojadrink unterrühren, sodass ein cremiger Teig entsteht.
- Die Hälfte des Teigs in eine gefettete Springform (Ø 26 Zentimeter) geben und glatt streichen.
- Die Mandelcreme darauf verteilen.
- Den restlichen Teig auf die Mandelcreme geben und glatt streichen.
- Die Mandeltorte im Backofen bei 200 °C etwa vierzig Minuten backen.
- Falls die Oberfläche zu schnell braun werden sollte, mit Backpapier abdecken.
- Danach im abgeschalteten Backofen noch zehn Minuten ruhen lassen.
- Die Torte aus dem Backofen nehmen und mit dem Mandellikör überträufeln.
- Die abgekühlte Torte mit dem Puderzucker bestreuen.

## Tarte mit Nektarinen auf Bananencreme

**Für den Teig:**
200 g Weizenmehl (Type 1050)
150 g Weizenvollkornmehl
1 MSP Meersalz
2 TL Backpulver
4 EL Roh-Rohrzucker
3 EL Sonnenblumenöl
1 EL Apfelessig
etwa 150 ml Soja- oder Reisdrink
Margarine oder Öl für die Springform

**Für die Füllung:**
5 reife Nektarinen
200 g Tofu (natur)
2 kleine reife Bananen
½ Vanilleschote
Saft einer halben Zitrone
50 ml Soja- oder Reisdrink
4 EL Puderzucker
2 TL Johannisbrotkernmehl
½ TL gemahlener Zimt
4 – 5 EL Roh-Rohrzucker

- Für den **Teig** das Mehl mit dem Salz, Backpulver und Roh-Rohrzucker vermischen.
- In der Mitte des Mehls eine Mulde ausformen und das Sonnenblumenöl, den Apfelessig und den Sojadrink hineingeben. Alles zu einem festen, aber relativ geschmeidigen Teig verkneten.
- Den Teig zu einer Kugel ausformen, in Klarsichtfolie einschlagen und mindestens dreißig Minuten im Kühlschrank ruhen lassen.
- Danach eine gefettete Springform (Ø 28 Zentimeter) mit dem Teig auskleiden, dabei einen gut drei Zentimeter hohen Rand ausformen.
- Den Teig bei 200 °C im Backofen fünf Minuten vorbacken.

Süßspeisen und Desserts

- Für die **Füllung** die Nektarinen mit kochend heißem Wasser überbrühen, zehn Minuten ruhen lassen. Dann das Wasser abgießen.
- Die Nektarinen mit Küchenkrepp trockentupfen, enthäuten, entkernen und in dünne Spalten schneiden.
- Den Tofu kurz abbrausen, in Küchenkrepp einschlagen und vorsichtig das überschüssige Wasser auspressen.
- Danach den Tofu grob würfeln und zusammen mit den geschälten und in Scheiben geschnittenen Bananen im Mixbehälter der Küchenmaschine zu einer feinen Creme pürieren.
- Das ausgekratzte Mark der Vanilleschote, den Zitronensaft, Sojadrink, Puderzucker und das Johannisbrotkernmehl dazugeben und nochmals gründlich pürieren.
- Die Bananencreme auf dem Teig verteilen und glatt streichen.
- Die Nektarinen fächerförmig auf der Bananencreme verteilen und mit Zimt und Zucker bestreuen.
- Die Tarte bei 180 °C im Backofen etwa fünfunddreißig Minuten backen. Dann drei bis vier Minuten bei **Oberhitze** oder im **Grill** auf Höchsttemperatur übergrillen.
- Die Tarte vor dem Servieren abkühlen lassen.

## Mandarinen-Mohn-Muffins

*für zwölf Muffins*

280 g Dinkelmehl (Type 630)
100 g Roh-Rohrzucker
1 MSP Meersalz
5 EL Mohnsamen
3 TL Backpulver
1 kleine reife Banane
3 Mandarinen
1 TL abgeriebene Zitronenschale
3 EL Rapsöl
120 ml Soja- oder Reisdrink
Öl für die Muffinform

**Für die Glasur:**
4 EL Puderzucker
2 EL Sojajoghurt
1 Spritzer Zitronensaft

- Das Mehl mit dem Zucker, Salz, den Mohnsamen und dem Backpulver vermischen.
- Die Banane schälen, in Scheiben schneiden und mit einer Gabel zermusen.
- Die Mandarinen auspressen.
- Die zermuste Banane, den Mandarinensaft, die abgeriebene Zitronenschale und das Rapsöl hinzufügen und ebenfalls untermischen.
- Unter ständigem Rühren nach und nach den Sojadrink hinzugießen.
- So lange rühren, bis ein glatter Teig entstanden ist.
- Den Teig in ein gut gefettetes Muffinblech geben und im Backofen bei 180 °C etwa fünfundzwanzig Minuten backen.
- Die Muffins vorsichtig aus der Form lösen und auskühlen lassen.
- Für die **Glasur** den Puderzucker mit dem Sojajoghurt und dem Zitronensaft verrühren und die Muffins damit bestreichen.

Süßspeisen und Desserts

## Tiramisu auf nordische Art

500 g Johannisbeeren oder gemischte Beeren
 (frisch oder tiefgekühlt und aufgetaut)
3 – 4 EL Roh-Rohrzucker oder Süße nach Wahl
120 g Vollkornzwieback
100 ml Cassis oder anderer Johannisbeerlikör
 ersatzweise Johannisbeersirup
6 EL Johannisbeergelee
500 g Sojajoghurt
100 ml Soja- oder Hafersahne
4 – 5 EL Puderzucker
1 Päckchen Vanillezucker
3 MSP gemahlener Zimt
1 EL Zitronensaft
knapp 1 EL Kakao

- Die Beeren verlesen und nach Geschmack zuckern.
- Den Zwieback auf dem Boden einer rechteckigen Schüssel verteilen und mit dem Cassis beträufeln.
- Das Johannisbeergelee in einem kleinen Topf etwas erwärmen, dann vorsichtig mit den Beeren vermischen.
- Die Beeren auf dem Zwieback verteilen.
- Den Sojajoghurt mit der Sojasahne verrühren.
- Den Puderzucker, Vanillezucker, Zimt und Zitronensaft unterrühren.
- Die Joghurtmasse auf den Beeren verteilen und glatt streichen.
- Mit dem Kakao überstäuben.
- Vor dem Servieren das Dessert mindestens zwei Stunden im Kühlschrank durchkühlen lassen.

 Falls Sie Löffelbiskuits aus veganen Zutaten finden, können diese anstelle des Zwiebacks verwendet werden.

## Süßspeisen und Desserts

### Zitronenquarkkuchen

**Für den Teig:**
200 g Vollkornzwieback
100 g streichfähige Margarine
2 Päckchen Vanillezucker
1 MSP Meersalz
Margarine oder Öl für die Springform

**Für die Füllung:**
100 g Mandeln
550 g Seidentofu
90 – 100 g Puderzucker
2 unbehandelte Zitronen
100 ml Wasser
2 Beutel (à 10 g) Agar-Agar
oder 4 TL Agar-Agar-Pulver

- Für den **Teig** den Zwieback in den Mixbehälter der Küchenmaschine geben und staubfein zerkleinern.
- Den Zwieback mit der Margarine, dem Vanillezucker und Salz verrühren.
- Den Boden einer Springform (Ø 26 Zentimeter) mit Backpapier auskleiden, die Innenseite der Form gut einfetten.
- Die Teigmasse gleichmäßig auf dem Boden verteilen und glatt drücken. Einen etwa drei Zentimeter hohen Rand ausformen.
- Den Teig im Backofen bei 200 °C etwa fünfzehn Minuten backen.
- Danach komplett auskühlen lassen.
- Für die **Füllung** die Mandeln mit kochend heißem Wasser übergießen und eine Viertelstunde ziehen lassen. Danach abtropfen lassen und enthäuten.
- Die Mandeln in den Mixbehälter der Küchenmaschine geben und staubfein zerkleinern.
- Den Seidentofu (falls nötig) abgießen, dann zusammen mit dem Puderzucker ebenfalls in den Mixbehälter geben.
- Von einer Zitrone die Schale abreiben. Beide Zitronen auspressen.

# Süßspeisen und Desserts

- Den Zitronensaft und die Zitronenschale ebenfalls in den Mixbehälter geben und alles gründlich zu einer glatten Creme pürieren.
- Das Wasser in einem kleinen Topf zum Kochen bringen. Das Agar-Agar einrieseln lassen und unter ständigem Rühren mindestens zwei Minuten sprudelnd kochen. Dann zur Tofumasse in den Mixbehälter geben und nochmals pürieren.
- Die Füllung auf dem gebackenen Teigboden verteilen und glatt streichen.
- Den Zitronenquarkkuchen vor dem Servieren mindestens vier Stunden im Kühlschrank oder über Nacht gut durchkühlen lassen.

 Statt der Zitronen können Sie auch Limetten verwenden.

## Die Autorin

Kochen ist eine der großen Leidenschaften von Heike Kügler-Anger. Eine sekundäre Laktose-Intoleranz veranlasste sie vor einigen Jahren dazu, sich intensiv mit verschiedenen Ernährungsformen auseinanderzusetzen. Als langjährige Vegetarierin entdeckte sie daraufhin die vegane Küche, deren kulinarische Vielfältigkeit sie seitdem begeistert. Weil Heike Kügler-Anger nur ungern auf ihre Lieblingsspeisen aus der Käseküche verzichten wollte, begann sie, mit Pflanzendrinks, Tofu, Hülsenfrüchten und verschiedensten Würzzutaten zu experimentieren. So entstand ein breites Repertoire an veganen Gerichten, die alle einen deutlichen Käsegeschmack haben, ohne Tiermilchkäse zu verwenden.

Wenn Heike Kügler-Anger nicht gerade in der Küche experimentiert oder bei ihren Reisen in die Kochtöpfe anderer Länder schaut, gibt sie ihre Passion für die vegetarische und vegane Ernährung in Kochkursen und Vorträgen weiter.

Im pala-verlag sind von ihr bereits erschienen:
»Vegetarisch kochen – französisch«
»Milchfrei und schnell gekocht«

# Rezeptverzeichnis

Aioli mit Bohnen 67
Apfel-Krümelkuchen 190
Apfel-Zwiebel-Tarte 154
Artischocken mit Nusskäse 92
Auberginenauflauf 132
Austernpilze mit Muschelnudeln
und Cremesauce 140
Avocadocreme 44
Avocado-Sauerrahm 66

Backofenbirnen
mit Haselnusskruste 83
Backofennektarinen 90
Backofen-Riesenrösti
mit feiner Käsenote 84
Bagels mit Gemüsefüllung
nach Frischkäseart 175
Baguette-Trauben-Auflauf 128
Bananencreme-
Nektarinen-Tarte 206
Bandnudeln mit
Cashewricottasauce 122
Basilikum-Schnittkäse 49
Bayerischer Rettichsalat 85
Birnen mit Haselnusskruste 83
Birnencreme 190
Birnen-Lauch-Suppe 106
Birnen-Schichtdessert
mit Kokos-Buttercreme 192
Blätterteiggebäck mit
Sesamcremefüllung 176
Blauschimmelkäsedressing 73

Blumenkohlsuppe mit
Kräutercroûtons 112
Bohnen-Aioli 67
Bohnensalat mit Tofuwürfeln
nach Feta-Art 88
Brokkoliauflauf mit
Chili und Couscous 124
Brokkoli-Nuss-Tarte 164
Bruschetta mit Kürbis 180
Bruschetta mit Tofu 179
Buntes Pizzabaguette 153
Butterkäse–Zucchini-Salat 87

Cannelloni mit Tofuricotta 126
Cashew-Paprika-Weichkäse 64
Cashewricottasauce
mit Bandnudeln 122
Cashewsahne-Karotten-Suppe 102
Champignonpizza mit
Mandelkäse-Klecksen 156
Champignons, gefüllt 89
Chicorée, cremig gefüllt 86
Couscous-Brokkoli-Auflauf 124
Cremedressing, französische Art 69
Cremesauce, golden 74
Cremesuppe mit
käsigem Tomaten-Confit 98
Cremig gefüllte Ofenkartoffeln 129
Cremig gefüllter Chicorée 86
Cremige Lauchquiche 160

# Rezeptverzeichnis

**D**änischer Zucchinisalat
mit »Butterkäse« 87
Dressing mit feinem
Blauschimmelkäsearoma 73
Dressing mit Feigenkäsearoma 68
Dressing mit Schmelzkäsearoma 70
Dressing, süßpikant 79

**E**lsässer Flammkuchen 162
Erbsen-Käse-Makkaroni 130

**F**eigen, übergrillt 97
Feigenkäsedressing 68
Feine Käsecremesauce
mit Petersilie 71
Feines Knoblauch-
käsesüppchen 100
Feta-Oliven-Tarte 159
Feuerbohnensalat 88
Fixe Käsesauce 72
Flammkuchen, Elsässer Art 162
Focaccia mit Walnuss 160
Französisches Cremedressing 69
Frischkäse aus Tofu
auf französische Art 62

**G**edeckte Brokkoli-Nuss-Tarte 164
Gefüllte Riesenchampignons 89
Gemüse-Bagels 175
Goldene Cremesauce 74
Goldgelber
Basilikum-Schnittkäse 49
Gratinierte Backofennektarinen 90
Griechische Oliven-Feta-Tarte 159
Griechischer
Auberginenauflauf 132

Grillkäsecreme 42
Gurken-Mais-Salat
mit Nussschmand 91

**H**albwarmes
Sauerkrautsandwich 185
Haselnusskruste
auf Backofenbirnen 83
Heißes Tex-Mex-Sandwich 178
Hirtenauflauf auf britische Art 134

**J**oghurttorte mit Mandarinen 194

**K**alte Melonensuppe
mit Käsecroûtons 101
Karottengratin mit knusprigen
Kartoffelspalten 136
Karotten-Paprika-Suppe 102
Kartoffel-Käse-Creme
auf bayerische Art 45
Kartoffelspalten
mit Karottengratin 136
Käsebällchen 43
Käsecreme-Brötchen 188
Käsecremesauce mit Petersilie 71
Käsecremesauce ohne Kochen 75
Käsecremesauce, würzig 82
Käsecroûtons
auf Melonensuppe 101
Käse-Erbsen-Makkaroni 130
Käse-Kartoffel-Creme 45
Käse-Knoblauch-Kekse 174
Käse-Kräuter-Brötchen 166
Käse-Kräuter-Creme
auf Röstbaguette 184
Käsekuchen mit Mokka 200

# Rezeptverzeichnis

Käsekuchen aus Tofu 196
Käsesauce 72
Käse-Senf-Dressing 85
Käsespieße 40
Käsetoast 177
Käse-Tomaten-Creme 63
Käsige Avocadocreme 44
Käsige Walnuss-Focaccia 168
Kichererbsen-Weichkäse 55
Klassischer Tofu-Käsekuchen 196
Knoblauchbutter 76
Knoblauch-Käse-Kekse 174
Knoblauchkäsesüppchen 100
Kokos-Buttercreme 192
Kokosrahm-Weichkäse 50
Kompott mit
Safran-Panna-Cotta 198
Kräuterbouquet-Schnittkäse 52
Kräutercroûtons auf
Blumenkohlsuppe 112
Kräuter-Käse-Brötchen 166
Kräuter-Käse-Creme
auf Röstbaguette 184
Krümel-Apfelkuchen
mit Birnencreme 190
Kürbisauflauf 138
Kürbis-Bruschetta 180
Kürbiscremesuppe 104
Kürbis-Maronen-Lasagne 150

Lasagne mit Kürbis
und Maronen 150
Lauchcremesuppe
mit Birnenwürfeln 106
Lauchquiche 160

Lauwarmes Macadamia-
Zwiebel-Pesto 77
Liptauer Streichkäse 39

Macadamia-Zwiebel-Pesto 77
Mais-Gurken-Salat
mit Nussschmand 91
Mandarinen-Joghurt-Torte 194
Mandarinen-Mohn-Muffins 208
Mandelcremetorte 204
Mandelfrischkäse-
Zwiebel-Tarte 172
Mandelkäse-
Champignon-Pizza 156
Mandelmayonnaise 78
Mandelparmesan 46
Mango-Nuss-Burger 182
Maronencremesuppe
mit Nuss-Crème-fraîche 108
Maronen-Kürbis-Lasagne 150
Mediterrane Tofu-Bruschetta 179
Melonensuppe
mit Käsecroûtons 101
Milde Mandelmayonnaise 78
Milder Streichkäse
mit Walnüssen 54
Mildwürziger Kichererbsen-
Weichkäse 55
Mit Nusskäse
gefüllte Artischocken 92
Mit Sonnenblumenkäse
gefüllte Spitzpaprika 94
Mohn-Manderinen-Muffins 208
Mokka-Käsekuchen 200
Muschelnudeln mit Pilzen
und Cremesauce 140

# Rezeptverzeichnis

**N**ektarinen, gratiniert 90
Nektarinentarte 206
Nudelauflauf mit
    Zucchinicremesauce 142
Nudeln auf griechische Art 144
Nuss-Brokoli-Tarte 164
Nuss-Crème-fraîche 108
Nussig körniger Tofufrischkäse 56
Nusskäse in Artischocken 92
Nuss-Mango-Burger 182
Nusswürfel auf
    Rübensüppchen 110

**O**fenkartoffeln, gefüllt 129
Oliven-Feta-Tarte 159

**P**anna-Cotta mit
    Winterkompott 198
Paprika mit Sonnenblumenkäse 94
Paprika-Cashew-Weichkäse 64
Paprika-Karotten-Suppe 102
Paprika-Tomaten-Frittata 186
Parmesan aus Mandeln 46
Parmesan aus Sesam 47
Parmesan aus Walnüssen 48
Pfifferlingsrisotto 145
Pilzschmelzfondue 146
Pilzsemmel mit Käsecreme 183
Pistazienschmand 114
Pizzabaguette 153
Pizza-Schiffchen Hawaii 170
Provenzalisches Tomatensoufflé 95

**R**ettichsalat 85
Risotto mit Pfifferlingen 145

**R**östbaguette mit
    Käse-Kräuter-Creme 184
Rösti mit feiner Käsenote 84
Rotwein-Streichkäse 57
Rübencremesüppchen
    mit Nusswürfeln 110
Rum-Schokoladen-Torte 202

**S**afran-Panna-Cotta
    mit Winterkompott 198
Sahnige Blumenkohlsuppe
    mit Kräutercroûtons 112
Sauerkrautauflauf
    mit Cremekruste 148
Sauerkrautsandwich 185
Sauerkrautsuppe mit
    Pistazienschmand 114
Sauerrahm aus Tofu
    und Avocado 66
Schichtdessert 192
Schmelzfondue mit Pilzen 146
Schmelzkäsedressing 70
Schneller Käsetoast 177
Schnittkäse mit Basilikum 49
Schnittkäse mit Kräuterbouquet 52
Schnittkäse nach Butterkäse-Art 58
Schokoladentorte mit
    Rumcremefüllung 202
Senf-Käse-Dressing 85
Sesamcremefüllung 176
Sesamparmesan 47
Sommersalat mit
    körnigem Tofufrischkäse 96
Sonnenblumenkäse in Paprika 94
Sour Cream aus Tofu 80
Spanische Mandelcremetorte 204

# Rezeptverzeichnis 217

Streichkäse mit Rotwein 57
Streichkäse mit Walnüssen 54
Streichkäse nach Westernart 59
Streichkäse, Liptauer Art 39
Süßpikantes Dressing 79

**T**arte mit karamellisierten
Zwiebeln und
Mandelfrischkäse 172
Tarte mit Nektarinen
auf Bananencreme 206
Tex-Mex-Sandwich 178
Tiramisu auf nordische Art 209
Tofu-Bohnen-Salat 88
Tofu-Bruschetta 179
Tofufrischkäse auf
französische Art 62
Tofufrischkäse für Sommersalat 96
Tofufrischkäse,
körnig und nussig 56
Tofu-Käsekuchen 196
Tofuricotta für Cannelloni 126
Tofu-Sour-Cream 80
Tofuwürfel nach Feta-Art 60
Tomaten-Confit 98
Tomatencremesauce 81
Tomaten-Käse-Creme 63
Tomaten-Paprika-Frittata 186
Tomatensoufflé 95
Tomaten-Zucchini-Suppe 118
Trauben-Baguette-Auflauf 128

**Ü**bergrillte Feigen 97

**W**alisische Käsecreme-
Brötchen 188
Walnuss-Focaccia 168
Walnussparmesan 48
Walnuss-Streichkäse 54
Weichkäse aus Kokosrahm 50
Weichkäse mit Paprika und
Cashew 64
Weichkäse nach Mozzarella-Art 65
Weichkäse von Kichererbsen 55
Wirsingcremesuppe
auf italienische Art 116
Würzige Käsecremesauce 82

**Z**itronenquarkkuchen 210
Zucchini-Butterkäse-Salat 87
Zucchini-Nudel-Auflauf 142
Zucchini-Tomaten-Suppe 118
Zwiebel-Apfel-Tarte 154
Zwiebel-Macadamia-Pesto 77
Zwiebeltarte 172
Zwiebelsuppe mit
überbackenem Toast 120

# Andere Bücher aus dem pala-verlag

Heike Kügler-Anger:
Milchfrei und schnell gekocht
ISBN: 978-3-89566-232-4

Heike Kügler-Anger:
Vegetarisch kochen – französisch
ISBN: 978-3-89566-224-9

Beate Schmitt:
Ohne Milch und ohne Ei
ISBN: 978-3-89566-179-2

Angelika Eckstein:
Vegan backen
ISBN: 978-3-89566-239-3

# Ratgeber für die ganze Familie

Dr. Bettina Pabel:
Natürlich glutenfrei
ISBN: 978-3-89566-204-1

Simone Stefka:
Glutenfrei backen
ISBN: 978-3-89566-226-3

Roswitha Stracke:
Nickelallergie
ISBN: 978-3-89566-228-7

Herbert Walker:
Vollwertig kochen
und backen mit Pfiff
ISBN: 978-3-89566-146-4

Gesamtverzeichnis bei:
pala-verlag, Rheinstraße 35, 64283 Darmstadt, www.pala-verlag.de

ISBN: 978-3-89566-237-9
© 2008: pala-verlag,
Rheinstraße 35, 64283 Darmstadt
www.pala-verlag.de

Alle Rechte vorbehalten

Umschlag- und Innenillustrationen: Karin Bauer
Lektorat: Barbara Reis

Satz und Gestaltung: Verlag Die Werkstatt, Göttingen
www.werkstatt-verlag.de

Druck: fgb • freiburger graphische betriebe
www.fgb.de
Printed in Germany

Dieses Buch ist auf Papier aus 100 % Recyclingmaterial gedruckt.